子どもと紡ぐ小さな物語

教師を拒否する子、友達と遊べない子

竹内常一＋全国生活指導研究協議会＝編

高文研

■――はじめに

いま学校現場は大きな困難を抱えています。むかつき、荒れ、ささいなことにキレる子どもたち。仲間と遊べず、つながり方も知らない子どもたち。そうした中で、教師たちの悩みはかつてなく深いものとなっています。この本は、それら多くの課題の中で、特に「教師を拒絶する子」「友達と遊べない子」に問題をしぼって、それにどう対応したらよいのかを考えるために企画したものです。

第Ⅰ章では、「カベにぶつかった教師たちの率直な悩み」を、第Ⅱ章では、「教師を拒絶する子にどう対応していったか」を語る二つの物語を、第Ⅲ章では、そうした困難な現実の中で「教師に今、何が必要とされているのか」を座談会を通して分析、さらに第Ⅳ章では、遊びや文化を通して、子どもたちの共通世界をどう切り開いていったかを語る五つの物語を紹介しました。また、本文中、人に触れることが苦手な子たちのための「遊びのヒント」九本も、写真・イラスト入りで入っています。

これらの手記・実践は、すべて全国生活指導研究協議会に集う会員たちによるものです。ここに収められた物語を通じて、同じ悩みを抱える親や教師と問題を共有したいと願っています。

編　者

もくじ

第Ⅲ章 ≫座談会≪ 何が今、教師に必要とされているか

≫遊びのヒント≪ こんなとき、こんな遊びを！

第Ⅳ章 ≫実践≪ 子どもと遊ぶ・子どもをつなぐ

〈1〉遊びながらつなぐ＝こっちを向いてくれないクラス／問題児たちをゲームに巻き込む／ミミズ探しで知った「シンナーの害」／不登校の美香子と苦手な級友由美をつなぐ／掃除中いなくなる子を探す「探検隊」／〈2〉班ノートや学級通信でつなぐ＝誰でも書ける班ノート／「班ノート」野つぶやきを「学級通信」に／〈3〉三学期は涙でつなぐ＝涙の「進路激励会」

〔解説〕11本の「小さな物語」がメッセージしていること

國學院大学文学部教授　竹内常一

なにが問われているか／子どもたちはなにを訴えているのか／子どもにどう関わるか／友だち関係のなかで／からだと遊び、活動と関係性／共通の世界を開く、共通の世界をつくる／おわりに

装丁＝商業デザインセンター・松田礼一

第I章

≫手記≪

子どもがわからない…

手記 1

「また怒ってしまった…」と自己嫌悪に陥る日々

黒川　ゆき（小学校教諭／仮名）

私のクラスは一年生男子一〇名、女子一六名の計二六名、人数的には恵まれたクラスだ。学習障害やアスペルガー症候群と診断されている子、円形脱毛症の子もいるが、そのような子どもたちよりも、気に入らないと暴力をふるったり、暴言で相手に打撃を与えようとする子、悪いとわかりながら勝手な行動を繰り返す女の子たちにエネルギーを消耗している。

クラスの保護者たちは、読み聞かせやクラス行事などで明るく前向きに協力してくれるので助かるが、隣のクラスと比べても「なんで二組はガラが悪い子が多いのかしら」と話題になっている。

いちばん難しいのはA君。入学して三日目に「どけよ、ばばあ」と私に言った。自分は思い通りの勝手な行動をするのに、人の勝手は許さない。まわりがうんと気をつかいながら「A君、すわって」「A君、順番抜かさないで」という言葉にも「うるさい！」と怒鳴ったり、持っている本で思いきりぶつ。そして、「○○なんて、サイテー」「バカ！　死ね！」ときわめつけの捨てゼリフを吐く。

またあるときは、他の男子を呼び捨てにした女子を「○○をよびすてにスンナ!!」と正面から両手で突き飛ばして、その子の背中を後ろの机に思い切りぶつけた。クラス遊びの鬼ごっこのときは、自分がよそ見していてタッチされたことに憤慨して、いきなりその女の子のおなかを蹴る。毎日毎日そんなことの繰り返し。暴力は瞬間的なもので、いつまでも執拗にやり続けることはないし、やったあとは気がすむのか、あるいは悪かったと思ってか、謝ることもある。謝るかわりに相手にじゃれついたりもする。しかし、自分が気に入らない、あるいは相手が悪いと思った瞬間に制裁の暴力を振るう。もうそれは癖になっていて、なかなか直らないのだ。

彼は、二七歳と二八歳の若い母と父に育てられた。決して愛情がないわけではないのだが、悪いことをする、言うことをきかないと叩かれる、蹴られる、「テメー扱い」されることが日常だったようだ。「そんなのあたりまえじゃん」と彼は言っていた。待ってもらったり、我慢しててていねいにつきあってもらうことをあまり体験していない。母親はそのことを保育園で指摘されると、涙を流したこともあるそうだが、実際の場になると直せないまま、きてしまったようだ。

さらにその両親が、昨年の秋ごろから不和になり、父親が家に帰って来なくなった。家では夜泣きし、学校では荒れるという状態だったことが、年明けに母親の相談でわかった。彼のそのような悲しみや不安にどうやって、心を通わせられるのだろうか。そして敵対するのではなく、暴力や勝手なことを減らし、みんなと生きていこうとする内面をどう育てればいいのだろうか。

いままで、私がやってきたことは、なるべく頭ごなしに怒らないようにすること、抱っこしたりおんぶしたり、甘えられる関係を保つこと、ときにはみんなの前に出して、他の子どもたちの意見を聞かせること、自分の実体験を話すことなど。生活指導の実践に学んで、つたないかたちだが、班の取り組みを決めて、達成できたらクラスでお祝い会をすること、彼の得意な算数で答え合わせの先生の役をさせたり、クラスの大縄記録をつくるときには、こういうことに燃える彼を先頭にすること（四五五回までいけたなど）。校長先生、お母さんの協力を得ながら、「叩くのは三回まで」「勝手なことをしない」「いいことをする」という三つの約束に取り組む「がんばりカード」などを、一年生最後の二週間やってみた。

何も手を打ってないわけではないし、他の子どもたちも、彼と喧嘩になっても我慢して

許したり、応援しながらつきあう中で、少しずつ彼の中に変化が起きているのかもしれないと思ってはいる。しかし、

「また、さんすう？　かんたんすぎてつまんないからやりたくない！」

「もうやだ、こんな学校来ない！」

などと文句を言われたりすることの方が多く、「もういい」という気持ちにもなる。

そして彼と同じように、悪いとわかりながら、勝手な行動を繰り返す女子三人がいる。授業時間や帰りの時間を無視して、席に着かずふざける、おしゃべりをやめない。机の中はぐちゃぐちゃ。私が声をかけても、遅くまで児童集会に出て来ないでA君と四人で教室に残り、自由帳の動物の写真を見ていたり、朝自習でガムを噛んでいるなど。

とがめると、「だって○○ちゃんがくれたんだもん」「○○ちゃんもやってるもん」と人のせいにする。私が本気で怒るまでやる。優しい校長先生直々に話をしてもらったり、みんなの前に出されて意見を言われたときだけ一瞬反省したように見えるが、またその後に似たようなことを繰り返す。心が育たない、私やみんなとの関係が育たないと感じる。

また三人は、共通して家庭であまりていねいに関わってもらえなかったり、深刻な事情があったりする。満たされない気持ち、寂しさからか、執拗に、とき・場所に関係なく、

見境なく甘えてくる。私が床ふきをしているところを、いきなりドンと後ろから覆いかぶさってきたり、廊下を歩いていると、前から走ってきてバンと抱きつく。不意のことによろけて転びそうになったり、痛みを感じるぐらいの勢いだ。授業中でも「だっこ」とせがんだり、急に背中に飛び乗っておんぶしてくることもある。私の注意を無視するときもあるくせに、甘えたいときだけ甘えてくるので、私もしっかり抱っこしたり、おんぶしたりできない。どこかで嫌がりながら、仕方なく相手をしている気がする。

それでも、文章表現に現れた感性の敏感さや、ちょっとのことではへこまないたくましさ、のびのび声を出せるところ、絵の上手さなどに感心したり、ほめたりはしている。しかし、彼女たちの身勝手さに他の子どもたちも一年生なりに嫌気がさしている面もあり、全体の前で私がほめてもしらけた感じになる。

さらに三人の間でも、外したり外されたりで、もめごとになったり、いっしょに悪いことをして足の引っ張り合いになったりということもある。

このような中で私自身、子どもたちといて、とても不愉快だったり、いらいらして感情的に怒ってしまう。落ち着いて前向きにがんばっている子たちの方が多いのに、だめな方にばかり意識がいって、他の子にまで「静かにして!」「だめでしょ!」と注意ばかりしている感じだ。そして、そのたびごとに生産性のない自己嫌悪に陥ってしまう。

「子どもたちといっしょに笑ったり、いっしょに悲しんだりしながらやっていきたいのに怒ってばかり。もっと自分に遊び心や教養や度量があったらよかったのに」

「また、怒ってしまった。他の先生だったらこうはならないだろう」

と、すぐに逃げ腰になる。

教師をやめる勇気もない。くよくよする性格もなかなか直らない。しかし、何もしないわけにもいかない。子どもの落ち着きの無さを助長している授業のつまらなさを改善しなくてはと、授業の下準備をしたり、子どもたち同士をつなげたいと学級通信を出したり、学級の取り組みを考えたり、提出する書類や、少ないながら私にもある校務分掌に追われる。気分的に集中できないため、仕事もはかどらず、退勤も、寝るのも遅くなる。ぎりぎりにやって寝不足になること、精神的に目いっぱいになることが、いらいらする原因になっているとも思う。マイナス思考にさいなまれる不健康な毎日だ。

生理が止まったり、じん麻疹がひかなかったりと、体もストレスに負けている。実際の子どもの状況よりも、自分がやっていることを自分自身が認められず、拒絶している感じだ。そういう自分も立て直したいと思う。

手記2

ユキオの〝荒れ〟から坂道をころがるように崩れた学級

星野　沙都（小学校教諭／仮名）

教職について二〇数年、ベテランと呼ばれる年になってきた。いままで、子どもとの細かい行き違いはあったものの、何とか乗り越えてきた。そして、三月にはこの子たちと出会えてよかったと思うことができた。きっと、これからもそうだろうと、心のどこかで思っていた。自分では気がつかなかったが、心のどこかでそう確信していたのかもしれない。私なら何とかできると。しかし……。

久しぶりの四年生担任。一年生からやんちゃで有名な学年だったが、高学年を担任することが多かったせいか、四月に出会った子どもたちはかわいく見えた。保護者も半数はいままで何らかのかかわりがあった。ちょっと余裕かなと、スタートをきった。

男子はサッカーグループが幅をきかせていて、とにかく元気だった。しかし、思い通りにいかないと怒ったり、文句を言ったりした。また、私が叱ると、何を叱られたかではなくて、叱られたこと自体に腹を立てた。女子はミーハー軍団が主力を占め、キャーキャーとテンションの高い声をあげていた。

ユキオはクラスの中で少し変わった存在だった。男の子とはあまり遊ばないで、女の子とべったりいっしょにいた。歌手のまねをしてはかっこをつけたりしていた。茶髪やピアスにも興味があり、よくそんな話もした。しかし、気に入らないことがあると、すぐに怒り出し、「何でこんなん、せなあかんの」と、ことあるごとに言いに来た。思いつきであれしたい、これしたいと言うのだが、話をしているうちに言うことがころころ変わっていった。

一学期、喧嘩やトラブルがよくあったが、そのたびに話を聞いたり、黒板にお互いの言い分を書いたりして、みんなで解決していった。そして、何とか大きな事件もなく過ぎた。

二学期の運動会も、ダンスリーダーを中心に、何をしたいかを学年総会で決定し、「キッズ・ソーラン」をかっこよく踊った。ユキオもダンスリーダーに立候補し、がんばった。その間も、ちょっかいをかけておもしろがっている子に、男子が集団で暴力をふるうという事件も起こった。もちろん、ユキオもその中に入っていた。

一一月も終わりに近づいたころから、ユキオの様子がおかしくなってきた。他の学年の先生にけんかを売ってくるのだ。廊下で会って、ちょっと何かを言われると、「くそババア」「きしょいわ（気色悪い）」「アホ、ボケ！」と悪態をつく。そして、必ずその後で、「先生、きしょいねん。あいつ、うるさいわ。そやから、けんかした」と、わざわざ私に報告に来た。

はじめのうちは、驚いて様子を聞いたり、いっしょにあやまりに行ったりしていたが、なんで私のところにわざわざ報告に来るのかを考えたとき、甘えたいのだろうなと思って、話を聞いたり、つきあったりした。母親にも連絡をとって話をしたが、母親自身も体の調子が悪く、精神的にまいっているようで、どうしていいかわからない様子だった。

三学期になると、ユキオの行動はどんどんエスカレートし、教室の中でも荒れるようになってきた。授業中、ひたすらしゃべり続けた。それも、人が嫌がるようなことを大きな声で。それを注意した女子には、相手が泣くまで悪態をついたり、手を出したりした。授業の妨げになるので、高圧的に注意したりすると、くってかかってきた。

さらに二月に入ると、まわりの男の子たちがユキオを盾に好き勝手なことをするようになってきた。私が、ユキオとの対応に追われている間に、子どもたちは坂道を転がるように崩れていった。何をどうすればいいのか、ユキオはどうしてこんなに荒れてしまったのか、男の子たちはどうして？……、考える間もなく次つぎと事件が起こった。

ユキオの暴言に傷ついている自分にも気づいた。自分のプライドなんて意識していなかったが、激しく傷つけるユキオの言葉にまいっている自分、そんな自分が情けなく思えて、ますますしんどくなっていった。放課後の教室でぼんやりしていると、わけもなく涙がこぼれてきた。なんで、なんで、という思いが頭の中でまわっていた。

男子の暴力事件もたびたび起こった。話をきいても言い訳ばかりで、それ以上言うと、「俺ばっかり怒る」と、逆にその子のほうが怒りだしたりした。

職員会議でもユキオや男子のことを報告しながら、

「うちのクラスは常時公開ですから、来てください。誰か一人でも来てくれると助かります」

と訴え続けたが、管理職は来てはくれなかった。職員室でどれだけ慰められても何も力にもならない、具体的なフォローが欲しかった。

そんなとき、一番の救いだったのは月二回の全生研地区サークルだった。サークルではすべてをさらけ出して本音で話せたし、話を聞いてもらうだけでも落ち着くことができた。メンバーも本音で話してくれた。話しているうちに、自分の気持ちの整理が少しずつできていき、アドバイスをもらうことで何をしたらいいのか、何ができるのかを具体的に考えることができた。とにかく、できることは何でもやろうと、気持ちを切り替えることもできた。

「こんなときは、楽しい活動をしてみたら」というアドバイスをもらって、さっそく子どもたちがしていることの情報を集めた。

学童保育に行っている子たちが、指編みをしているのを見つけ、学童の子どもに先生役を頼んで、図工や総合学習として、指編みに取り組んだ。また、折り紙やあやとりも好きなことがわかると、珍しい折り方や、あやとりの仕方が載っている本を探しては、プリントにして毎日少しずつ配った。相変わらず、ユキオはしゃべり続けていたし、子どもたちのかん高い声も飛び交っていたが、活動しているときの子どもたちは楽しそうだったし、何より私がホッとすることができた。

そんなある日、放課後残っておしゃべりをしていた女の子たちがユキオのことで愚痴り始めた。

「先生、もうユキオいややわ。きらいや。みんなきらってるで」

私は、驚いた。みんなでユキオを盾にして好き勝手なことをしているではないか。でも、そのみんなが嫌いだと言っているというのだ。いままでサッカー仲間の男子の結束が強くて切り込むことができなかったが、何かが変わりそうな気がした。

「私ら、いっぱい言いたいことがあるわ」

という女子と作戦を練った。直接言うという意見もあったが、仕返しのほうが怖いのではないかということで、紙に書いてもらうことにした。ユキオだけではなくて、他の人たちにも「こうしてほしい」という思いを伝えてみようということにした。学級を居心地のいい場所にしようと話した。これで何かが動き出す、光が見えてきた思いだった。数日後、実行に移した。

書かれた項目は八〇にものぼった。そのうちユキオに対するものは五〇を超えた。私は、全員の書いたものをプリントし、それをいつ使おうかとチャンスを待った。一週間を過ぎたころ、チャンスはやってきた。テストの時間にユキオが荒れだしたのだ。とにかく場所をかえようと教室から連れ出し、職員室の先生に教室のほうを頼んで二人で図書室に入った。そして、みんなの意見が書かれたプリントを見せ、話をした。ユキオは荒れまくった。

「みんなは、嫌いって言ってるんじゃないよ。ユキオと友達になりたいって言ってるんだよ」

と言う私の言葉など、全く耳に入らないようだった。

チャイムが鳴り、教室に帰ろうと促すと、怒りながらも教室へ向かった。

次の時間、ユキオは机の上に突っ伏したままじっとしていた。時どきブツブツ言う声は聞こえたが、大きな声では何も言わなかった。ユキオはみんなといっしょにいたいんだ、友達がほしいんんだ、何か一つ乗り越えられた気がした。

私のSOSに応えて、保護者の有志で茶話会も開かれた。「親同士が仲良くなりましょう」と積極的に活動してくださった。

同僚、保護者、子どもたち、そして、何よりもサークルの仲間に助けてもらいながら、何とか修了式を迎えることができた。しかし、ユキオがなぜ荒れたのか、私に何が足りなかったのか、その時点では考える気にもなれなかった。

四月になって、次の学年になっても不安はつきまとった。「今は平和でも、いつあのような状況になるかもしれない」と。とにかく初心にかえったつもりで実践を重ねることを心がけることで、その不安を振り払おうとした。

一年たった今、やっとあの頃のことを冷静に振り返ることができるようになった。

周りの子たちに「ユキオがなぜ荒れたのか」を考えさせることもしないで、ユキオに変わることを要求していたのではないか。個々の子どもとは話してきたが、子ども同士をつなぐことをしてなかったのではないか。ユキオに居場所はあったのだろうか。ユキオを誰が理解していたのだろうか。考えればキリのないほどの「?・」が頭の中をまわっている。できてないことだらけの中で、私は教師の権力を振りかざそうとしていたのかもしれない。ユキオとの一年は苦しかったが、ユキオのおかげで自分の実践の新しいスタートがきれたと、今なら言うことができる。

手記③

二年経ってもあのトラウマは消えない

千葉　良輔（小学校教諭／仮名）

この年度末休業中のことです。その日、私は、新年度の準備等で出勤し、外で昼食をとったあと、所用で銀行に立ち寄りました。月末、年度末でもあり、駐車場は大変混雑していました。そこに、お家の人のお使いでしょうか、二年前に卒業した子どもがお母さんの運転する車から降り、私の目指す同じ銀行に向かって歩く姿が見えました。そして、駐車場の空きを待つ私の車の脇を通り過ぎました。お互い一瞬、目が合いました。私は、すぐに目をそらしてしまいました。

別にその子は当時、教室を荒らした中心メンバーではありませんでした。物を投げつけてきたこともありません。グループで嫌がらせはされましたが、必ずしもその子が先頭に立っていたわけでもありません。でも、その子どもを見た途端、震えが私を襲ってきました。早くここを離れたい――その一心で、銀行のＡＴＭでの手続きを終えました。その結果、それ以上、目が合うこともありませんでしたし、子どもと話すことはもちろん、ありませんでした。

しかし、二年経っても、全然駄目だったのです。あのときのことが次つぎによみがえってくるのです。（蛇足ながら、銀行手続きも、なんでこんなところで？　というところで大間違いをしており、あとで訂正処理依頼の手続きをするはめになりました。）

私は現在、教員になって六年目です。初任時の受け持ちは一年生でした。持ち上がりで二年生を受け持った後、家族の事情で四年前、いまの学校に異動しました。前任校の恩師で、いまもお世話になっているサークルの先生からは、異動の前に、「千葉さん、異動したら五年生だね」と言われていました。すると本当に、「千葉さんは五年生で」との異動先の校長の第一声。正直なところ、身の引き締まる思いでした。

この学年は四学級編成でした。担任は、四〇代後半の男性を主任に、四〇代前半の女性が二人、そして三〇代前半の私。異動者は女性一人と私。のちにわかったことですが、要はこの学年は「誰も受け持ちたくない学年」でした。学級編成も、いかに荒れる子を分散させるかに腐心したそうです。（このような策も、すぐに瓦解することは、間を置くことなく実感することになりました。）

初日、始業式。担任発表直前の校庭での着任挨拶では、あえてマイクを使わずに、大きな声で元気よく自己紹介をしました。どうやら第一印象は良かったようで、

「千葉先生のクラスになりたいなと思っていたら、本当になれたのでうれしかった」

との反応を複数確認することができました。

しかし、二日目以降は、私が驚かされることの連続でした。休み時間、廊下でサッカーをする男子たち、教室と廊下の間の窓枠に登って遊ぶ男子。それを、「幼稚園のときからやってるよ」と、当たり前のように言う女子たち。

三日目、中休みが終わっても男子四人が教室に戻って来ず、迎えに行くまで体育館で遊んでいました。以降、何度も何度も続くエスケープ。

「次の勉強は○○（教科名）か、つまんね。行くのやめよ」

と、保健室に入り浸り、

「学校なんて勉強ばっかりじゃん、つまんね」

と、のたまう子どもたち。

みんな揃っての授業がなかなか成立せず、日々驚かされながら、一学期を終えました。

それでも、おもに子どもたちの具体的な言葉など（個人ノートを作成）を使っての学級通信を50号あまり発行したり、いままで子どもたちが未経験だった群読を中心に、みんなで

声を合わせる楽しみを模索したりしていきました。また、七月の学年行事、飯盒炊《はんごう》さんでは、エスケープ中心の男子がグループリーダーの一人になり、充実感を味わうことができたりもしました。

夏期休業中、私は、「間違えることを恐れる」「主体性の希薄」な「時間の観念がなく、刹那的」な子どもたちとの、今後の取り組みを模索しました。

そして二学期は、先ず率先して私がリーダーシップを取り、方法を示すこと、運動会、音楽会、工場見学といった行事や校外学習を中心に、「みんなで話し合い、みんなで取り組み、みんなで振り返る（反省する）」取り組みを進めていくことにしました。

二学期を終えるにあたり、一定の成果は得られたような気がしました。しかし、いま思い起こしてみると、四年生までは先生が決めていたという演奏曲をみんなで決めることから始め、実行委員会を結成して練習に取り組んだ音楽会など、私が「成功した！」と考えていたことそれ自体が、学級崩壊への一里塚だったような気持ちもしています。当時の私も、この頃には、相変わらず「好きなことしかやらない、勝手な子どもたち」と関わる日々に、だいぶ疲弊《ひへい》していました。大きな声で怒鳴ることもしばしばでした。冬期休業に入るとき、ホッとした記憶があります。

これまでしばしば運動能力は高いのに本気を出さない男子に注意をしてきましたが、その力を出しきっていない男子に活躍の機会を設定しつつ、みんなで取り組むことを目標に、三学期、バスケットボールの「得意な子」と「そうでない子」を組み合わせて編成しました。これが失敗でした。露骨に「つまんね！」と、相手のゴールに入れたりするなど好き放題。収拾がつかなくなり、「体育は中止！」と、私が強権を発動するに至りました。

これは、私の取り組み方のまずさだったと反省しています。結果として、学年末を迎えるにあたり、子どもたちに記述してもらった評価は、改善点については「怒るな」「キレるな」「他と比べるな」「難しい言葉を言うな」などでした。私はその時点で、「君たちに原因があるのがわからないのか」と思いながら、「私が悪かった点は改めていくから、君たちもそうしてほしい」と話しました。

このような一年間でしたが、三月末、どこも大変な学級ではありながらも、担任四人みんなで持ち上がりの希望を出そうという確認をし、実際、そのようになりました。

しかし四月、六年生になってからのこの学級の状況はまさに、坂道を転げ落ちるが如くでした。とりわけ惨状が露《あら》わになった六月頃からの状況は、次の通りでした。

授業中は、勝手にトランプ、ゲームで遊ぶ。女子は手鏡で化粧をし始め、手紙が当たり前のようにあちこちを巡る。そして、私をめがけて飛んでくるのは、誹謗《ひぼう》中傷はもちろんれ、ぬれ雑巾、ごみ、ほうき、針金、輪ゴム、ぬらして丸めたトイレットペーパー、雑巾、ぬれ雑巾、空き箱、輪ゴムの箱、紙飛行機、石けん。それらは飛んでくるのみならず、頭にかけられたり、顔、身体にたくさん当てられたり、眼鏡が壊されたり、給食がなかったり、私の机上にひっくり返されたり。

教室の私の机自体がひっくり返されたり、壊されたり、机に加えて、椅子・教具もベランダに放り出されたり、コップや黒板消しなどが三階から階下に落とされたり、授業で使用する指示棒が折られたり、教室の随所に落書きされたり…。

前後して、他の学級の数人も含め、学級の男子がコンビニで万引き。別の時期には、他の学級の男子も含め、何人もの男子が、他人の物置から釣竿を盗み出しました。

また、私の自宅にはひっきりなしに無言電話やいたずら電話がかかってくるようになりました。毎晩、夢の中で、子どもたちにうなされ続けました。私は年度途中で、しかも学期の最中でしたが、三月を待たずして引っ越しました。学年の先生方は交換授業をしてくださったり、子どもたちとの会話が成り立たなくなっている私の代わりに話をしてくださったりもしました。

他には、管理職同席の下、保護者会開催。並行して、ベテランの臨時教員（女性）を採用し、二学期半ばからは、実質的に二人で学級に臨むようになりました。そして何とか、卒業式を終えました。その頃の私はもはや、「春を待つ」心だけでした。卒業式までの日数をカウントダウンしていました。

最近、その先生と話し、当時のことを伺ったところ、

「信頼関係を築けなかったのは、あなたが目線を下げていなかったから。子どもに入り込んでいこうとしなかったから」

「子どもの思いを何でも受けとめてくれる存在としての先生に、あなたはなり得ていなかった」

「あなたの意思表示が強すぎた」

一つひとつ、もっともなご指摘だと思います。反論のしようがありません。ただ、それができませんでした。ただひたすら、私自身を自らで守ることしか、他にできることがありませんでした。もし、いつか「千葉さんは五年生で」と言われるときが再来したら、どのような返答を、私はするでしょう。私自身、答えは出せていません。

いつかこのような総括を、と思っていましたが、当時を思い出すのが恐くてなかなか思い切りがつかず、ずるずると時間ばかり経っていました。今回の機会を与えてくださった方々に感謝します。

手記 ④

大荒れの教室、子どもは何にいらだっているのか

中村　康雄（小学校教諭／仮名）

中学二年生。とにかくやかましい。二年六組は、静かになるということがまずない。

一年から担任している大輔は、二年生の後半になっても毎日のように派手にいたずらを繰り返し、週に二、三度は大きな問題を引き起こしていた。給食の納豆を何人か分集めて四階のベランダから降らせたり、チョークとのりを練り合わせて教室の壁や机、イスに塗りたくったり、鉢植えの土や画鋲《がびょう》を四階からばら撒《ま》いたり、そうした行動に嫌な顔をする者がいると、「死ね」「消えろ」と相手が不登校直前になるまで執拗に嫌がらせをしたりと、あげればきりがない。エアー・ガンで弾を小学生に当てたり、近所の人をからかったりして、小学生や近所の家に大輔を連れて（ときには教頭などといっしょに）謝りに行ったことも何回あったろうか。

大輔の両親は、家の近くで居酒屋をやっており、夜は二歳年上の姉といることが多い。

母親も地元の出身で、中学や高校時代はかなり名を馳《は》せていたという。保護者会には、

「どうせ行ったって、他のお母さんたちから文句言われるばっかりだからさ」

と言って、学校に来ることはなく、大輔には、

「いい加減にしないと、施設でもどこでも行ってもらうからね」

と言ってしつけているという。

教室にあるもの、家から次つぎと持ってくるいろいろなものを遊び道具にしてしまう大輔は、多くの幼い男子たちにとっては、不十分だった少年期の面白さを呼び起こしてくれるのか、とても魅力的にうつるようである。そのため、大輔の周りには、絶えず五、六人は男子が集まり、いっしょになっていたずらが続いた。

一方、和代は、昨年春に卒業した兄が散々荒れて、その兄といっしょに見る周囲に反発し、一年の担任からは「要注意マーク」がつけられてきた。二年生になって、最初の二、三カ月は警戒してかおとなしくしていたが、慣れてくると、女子の三、四人とともに、授業中だろうと、学活だろうと、ところかまわず騒いで、騒然としたクラスの雰囲気をつくり出す中心になっていた。

注意しても聞く耳持たずで、ある授業中には、家から持ってきたダーツを投げて、男の子の頭に刺さるという事件が起き、担当の教師に注意されると、「ショックを受けた。学

校へ行きたくない」と連日二、三時間遅刻をしてくるようになった。

さらに、テニス部の菜津、恵美子、久美の三人は、他クラスのテニス部員一〇人前後といっしょにやりたい放題で、チャイムが鳴ってもなかなか教室に入らないといった雰囲気で、菜津などは、教師に食ってかかってくるといった具合だった。

他に、男子の、とにかくひたすらしゃべり続けているような幼いというか、わけのわからない三、四人のグループが二、三あり、静かにさせるのも至難の技である。そうかと思えば、私が必死に静かにさせているところに、何人か、「先生」「先生」と来て、どのグループにも入れない健太や渉などは、「先生、〇〇が何もしないのに叩いてきた」「死ねって言った」と訴えてくる。

その話を聞いていると、教室はもう手のつけようがないくらいに騒然としてくる。したがって、連絡などもほとんど通らない状況で、朝の会で連絡したことを、何人もの子が同じことを聞きに来る。体力もだが、精神的にへとへとになる。なんとも言えない無力感に襲われ、帰りの会が終わって職員室に戻ってくると、ぐったりとしてしまう日が続いた。

学年でも、いじめ問題が何件か起き、授業によってはなかなか成立しないクラスもいくつか出てくるなど、学年全体が落ち着かずにいた。

一五〜二〇年前の、あの荒れていた子どもたちではない。何か訴えるものがあって、教師や学校にぶつかってきているのでもない。しかし、とても中学校とは思えない問題が次から次へと起こり、とにかく疲れる。

夕方の職員室は、愚痴のオンパレードとなる。はじめは、「まったく何を考えているのかわからない」などの嘆きや怒りの声が続くが、やがて、その日起きたことが次々と語られていく。そうすると、川井先生のクラスでいじめを繰り返している隆男は、幼児の頃から、母親や祖母に「あんた変わった子ね」と言われ続け、母親に対して、「あのババァ」と言うのが口癖になっていることがわかる。

また、吉田先生のクラスで、やはり暴力を伴ういじめを行い、一人を不登校にまで追い込んだ浩司は、両親が教育熱心のあまり、常に「○○でなければならない」というように育てられ、それに応えられない自分にいらだち、そのストレスをぶつけているのではないかということもわかってきた。

同じように、大輔や和代などについても、学年の先生たちにいろいろ分析してもらう。そのように彼らの裏側にある部分が少しでも見えてくると、ちょっと気は楽になる。そして、一律に静かにさせるとか、何かひとつの方向でまとめるとか、そういった手立てでは、彼らの課題に応える指導にならないこともわかってくる。彼らのぐちゃぐちゃにつき合いながらいくしかないのかとも思えてくる。

また、何度も地域懇談会を行って、率直に学校での子どもたちの様子と、指導がうまくいかないことなども話し、助けてほしいと言うと、親たちからも、

「男の子なんて、親が話しかけても無視しているし、いうことなんて聞きゃしない」

「勉強しなさいって言っても、するわけないしね」

と、子育ての悩みも出されてくる。大輔の母親とは、いっしょに謝りに行くときなどに話し込むと、

「先生、私もね、何にもしていないわけじゃないんだよ。言って聞かせているんだけどね。でも、小さいときからまったく変わってないんだよね。どうしたらいいんだろうね」

と、深刻に悩んでいる様子も出される。悩んでいるのは、自分だけじゃない。多くの教師も、親も悩んでいる。そして何より、子どもたち自身も悩んでいるのだと思う。そのことがわかってくると元気も出てくる。

ところが、子どもの前に立つと、際限のないおしゃべり、互いに無関心を装う子どもたち。そして、大輔を中心としたいたずらや事件が相次ぎ、再び絶望的な気分になってくる。その後の落ち込みはさらに深くなってくる。

子どもたちの行動の裏側にあるもの、親たちの悩みなどを学年を中心とした多くの教師

の力でつかんでいくことは確かに大切で、実践の大きな力にもなるし、出発点にもなるのだと思う。しかし、それだけでは、ぐちゃぐちゃ（?）な子どもたちを変える力にはならないように思う。静かにさせること、一つの方向に持っていくことではなく、物取り主義でもなく、いまの子どもたちにつき合う中で実践をすすめていくしかないとは思っても、なかなか変わらない子どもたちを前にして、なんともいいようのない疲れだけが蓄積していくようだ。子どもたちの成長を見る前に、こちらの身体がまいってしまうのではないかと思う。

大変な社会の中で子どもたちは生きているのだから、そう簡単に結果がでてくるものではないということは頭ではわかる。しかし、身体がついていかない。気力はあるつもりだが、胃が痛んだり、眠りが浅くなったりもする。子どもたちをつかむということが、ますます難しくなっている。

第Ⅱ章

≫実践≪

子どもの拒否に出あったとき

実践❶

K子の素顔が教えてくれたもの

――私は、四月からこれまで、K子にどんなときにどんなことを言ったのかを、記録ノートをめくりながら思い出し思い出し書き出していった。書いていると、嫌になるくらい注意や叱る言葉がほとんどだった。K子の心を開くことから始めよう。（本文より）

朝日野　茂利（奈良・小学校教諭）

私には忘れられない出会いがある。奈良に異動する前のことになるが、今でもそれは子どものことや親のことを考えるときのひとつの基点になっている。五年生で受け持ったK子は、担任した当初から気になる子であった。そのK子が問題を起こし、私は家庭に電話をした。五月半ばのことであった。

＊母親から告げられた思いがけない言葉

「今までにそんなこと言われたことないんですけど。家ではちゃんとやってます。クラスの方に問題があるんじゃないんですか」

イライラとした口調で母親が答えた。予想しなかった言葉だったので、私は一瞬唖然とした。その日、K子がクラスで孤立しがちな拓也にきつい言葉を浴びせ、それを素直にあやまらなかったことと、日頃から気になる様子を話した後のことだった。

K子は、朝からけだるそうに机にひじをつくと、授業中はほぼ沈没していた。口を開くと「そんなんもわからへんの！」などと他の子の発言をけなす。注意してもそのときだけで、直す気配はない。そうしたK子に、私はかなり困っていた。そのK子が、理解に時間のかかる拓也に対して「何回同じこと聞くねん」から始まり、拓也が発言しようとすると、そのたびに「またか！」をきつく連発したので、気の弱い拓也は机にうつぶし泣き出したのである。

「なんてこと言うんや、K子！」

私は、K子をきつく叱った。K子は顔をしかめて横を向いたままだった（いったいどう言ったらわかるんだ）。私にはまったくとらえどころがなかった。前担任に聞くと、四年の三学期頃から様子が変わり、担任の言うことが素直に聞けなくなったとのこと。

K子はいわゆる〝受験戦士〟で、それは就学前にさかのぼり、いまは電車に乗ってバリバリの進学塾に通っているらしい。そのメニューがきびしくなった時期と並行して、K子の様子ががらっと変わったと、その担任は言っていた。だから「荒れ」ているんだと思った。（ところが本当はそれだけではなかったことが、後でわかるのだが。）

私は、家庭に協力を求めるしかないと思った。学校で気になる様子を知らせることで、そこからK子について家庭でも考えてもらえるだろうと、そのときは思った。実際、これまでにもそうして家庭と協力できた経験が何度もあったからだ。しかし、その予想は一八〇度ひっくり返されてしまった。

「先生の指導に問題があるんじゃないですか！」

そんなふうに言われたのは初めてのことだったので、私はムカッときた。しかしそれ以上に、次の言葉にがく然とした。

「先生は私をきらいみたい、いつも目をつけられてると、K子は言ってますけど」

K子がそんなふうに思っていたとは考えもしなかった。でも言われてみると、それは見事に私の内面を見抜いた言葉だった。たしかにK子が好きになれなかった。

「そうですか。K子がそんなふうに言ってましたか。そう思わせるところが私にあったんでしょうねえ。まだK子のことがよく見えていないのかもしれません。しばらく時間をください。K子も苦しんでいるんですね。そこから抜け出せるように努力します。お母さんも協力してください。私から見た学校での様子をお知らせしますから、ぜひ意見を聞かせてください。よろしくお願いします」

電話を切った後、しばらくぼう然としていた。私はK子を「加害者」と思っていたのに、K子は「被害者」と思っている。これでは指導など成立しようがない。母親の言葉は頭にきたが、そのことがわかっただけでもよかったと思った。このままいっていたら大変だった。

それにしてもK子の母親はどうしてあんなに突っ張ったものの言い様なのだろうか。「揺るがない自信」というよりも、どこか「そういう煩わしいことはごめん被りたい」という姿勢が言葉の端々から感じられて気になった。

K子の家は、会社員の父親と専業主婦の母親、それに祖父と二人の兄の六人家族であるが、それ以外の家庭の様子はほとんど知らなかった。四月の懇談会にも残られなかったし、家庭訪問でも礼儀正しくあまり話さない母親しか見えてこなかった。その母親は、地域であまり付き合いがなく、まわりからは「お高くとまっている」と見られているらしいことは前担任から聞いていた。

だが、私としては、まずK子と自分との関係を見直していくことから始めなければならないと思った。そしてK子を通して家庭のことも見えてくるようになると思った。

✤指導を見直し、再スタート

私は、四月からこれまで、K子にどんなときにどんなことを言ったのかを、記録ノートをめくりながら思い出し思い出し書き出していった。書いていると、嫌になるくらい注意や叱る言葉がほとんどだった。そう考えていると、K子の心を開くことから始めよう。でもどこから始めたらいいのだろう。そう考えていると、教師になる前にしばらく民間にいた頃、商店に勤める友人から聞いた言葉をふと思い出した。

「客を無理やり店に引き入れることはできない。店に来るのは客自身だ。品物が同じなら人と人のコミュニケーションが勝負だ。客と目が合うときがある。そのときにタイミングよく『いらっしゃいませ』と声をかける。これだけでも客とのコミュニケーションは切れないし、そこから次が始まる」

そうだな！　あれこれ小細工を弄《ろう》するより、基本に立ち返ろうと思った。

次の日から、K子だけでなく、クラスの子どもたちとも目が合うと、何かひと言声をかけるようにしていった。あいさつ、天気のこと、服装のことなどたわいもないことから。それは教師の出直しであった。とくにK子には、しんどそうにしていると、「大丈夫か?」と声をかけた。K子は何も答えなかったが、それ以上のおせっかいは控えた。

またK子はよく体育を休んだ。これまでは、どうみても休むほどには見えなかったので、K子が告げに来ると、「えーまたか！」という顔をしていた。決めつけるのはやめようと思った。本人が頭が痛い、お腹が痛いと言っているのだから、「おいおい大丈夫か。無理するな」と、逆に体を気遣った。クラスには、

「みなさんはもうりっぱな高学年です。自分の体の調子は自分がいちばんよくわかると思います。医者ではないのですから、先生はその人の判断を尊重します。しかし、無断で休まれると授業がこまるので、必ず事前に言いに来てください」

と伝えた。一方で、体育のメニューは思いっきり工夫しておもしろいものにするようにした。K子はだんだん参加の回数を増やしてきた。

さて、そうして二週間ほどたったある朝のこと、授業の準備をしようと教室に向かう途中でK子に会った。ちらっと私を見たので「おはよう！」と声をかけた。K子は黙ったままだった。しかしすれちがった瞬間「おはよう」という小さな声が聞こえた。私の胸は躍った。少し歩いてから振り返り、歩いていくK子の後ろ姿を見た。こうした言葉を、K子から奪ってきたのかなあと思うと、K子がいとおしく思えた。

その日、K子の家に電話をかけた。

「叱ることばかり多かったかなと思いました。これではK子が、目をつけられていると

思うのは無理もありません。もう一度K子との関わりを見直してみることにしました」

そして私が始めたことや、今朝のあいさつのことを話した。

「些細なことかもしれませんが、考えてみると、これまでにK子と話し合うことなんてなかったですから、そうしたコミュニケーションが取れただけでもうれしかったです。おうちではどうですか？　よく話をする方ですか？」

「えっ…、たとえばどんなことでしょう？」

それまで「そうですか」と聞いていたK子の母親は一瞬、取り繕うように返してきた。

「あっ、いや、ホラ、学校のこととか、どんなふうに話しているのかなっと思って」

「先生がこんなこと言ったとかは時どき言ってますけど」

それ以上、話は続かないようだった。

「そうですか。この前のお電話のようにK子の心を知ることがとても大切だと思うんです。私はまだまだこれからです。思いこみや決めつけにならないために、これからもお話を聞いてもらえませんか」

母親は「わかりました」と、それを了解してくれた。

それにしても「どんなことでしょう？」と聞き返した母親の言葉に、隙を見せたくない構えを感じた。親だから、教師だから見えるし、逆に、見えないものがある。最初の電話で母親が言った「うちではちゃんとやってます」というK子の顔と、学校で見せるK子の顔。そのどちらにも奥には同じK子の素顔があるはずだ。K子の可能性を信じ、互いに見つけ合い、共有できることを一つひとつ積みあげていけばよい。そのためには、まず自分をオールマイティーと思わず、K子の育ちに関わるパートナーとして、この親と話していこうと思った。

＊落書き事件で見えた家族の構図

K子は、休み時間は友達と群れて遊びたがる方だった。その中の何人かとふとしたことでおしゃべりが始まり（たしか私の鼻歌に、「先生もそれ知ってんの！」と寄ってきたのが最初だったと思う）、休み時間になると、私のまわりに集まっては、芸能情報が飛び交った。（もっともそのためには、帰りに本屋に寄って立ち読み予習をしなければならなかったが。）

しばらくしてK子もその友達に混じって、私のまわりに来るようになった。けっこうそういう情報に詳しかったし、話しているときのK子は別人のように柔らかだった。たわいもないおしゃべりだが、K子との間に共通の土台ができたと思った。（後にこのグループは、リクエスト曲を流し、新聞を作る活動を旗揚げすることになる。）

そんなある日、一週間のテレビ視聴時間四〇時間という強者がいて、それで話でわいた。

親がうるさくてなかなか思うように観られないという愚痴がポンポン出る中で、さらにみんなを驚かせたのは、K子のテレビ時間が「〇《ゼロ》」という事実だった。私も、そこにいた子どもたちも思わず「ウッソーッ」と叫んだ。休みの日でも父親が「観るな」と言って観せてくれないと、K子は口をとがらせた。親が「観るな」と言おうが、他の子たちはテレビを観ているのに、それができないK子の父親とはどんな存在なのだろうか。

六月下旬のこと、K子が落書き事件を起こした。K子の班は家庭科室の掃除担当だったが、掃除が終わりみんなが教室に引き上げた後、落書きしているところを忘れ物を取りに戻った同じ班の子がチラリと見て知らせに来たのだった。

放課後、K子を呼んでたずねた。

「家庭科室のテーブルに落書きがしてあったんだけど、K子は知らないか?」

K子の顔がみるみる緊張し、私の目をじっと見た。そして、

「私です」

と消えるような声で言った。

「そうか。自分からよく言えたな。今日はまだ時間があったな。よし行こう」

クリーナーを持って家庭科室に行った。二つのテーブルに大きくグネグネうねるマジックの線。その黒い線をごしごしとこすった。黙って見ていたK子も、ぼろ布を持ってこす

り始めた。こすりながら話した。

「K子。K子は本当は悪い子じゃないよ。これまで話していて先生はそう思う。K子もこんなことしたらいけないことはわかってるよな。何がそうさせたんだろうね。先生が悪かったか」

K子は手を休めず聞いていたが、首を振ると、涙をポロポロ落とし始めた。その夜、K子が塾に行っている時間に電話をした。

「K子が今日、家庭科室の机にマジックで落書きをしたんです。でもそれをとがめるために電話したんではありません。私、K子を見直しました。K子は言い訳ひとつしませんでした。自分のしたことを認め、落書きを自分の手で最後まで消しました。この落書き事件で、私は本当のK子を見たように思ったんです。素直でいい子ですね」

「あっ…いや、そうですか。どうもすみませんでした」

「K子にはこのことについて話していただかなくて結構ですよ。実はK子は、このことが家に知れるのをひどく気にしていたんです。もうきちんと解決したから、先生はおうちに言うつもりはないし、K子も言わなくていいよと言うと、安心していました」

「そうですかあ。…それは、たぶん父親に叱られると思ったからだと思います」

「お父さん怖いんですか」

「父親には頭が上がりません。私が言うより父親だとひと言です。勉強でも『こんなんできんのか』と言われて黙ってます」

母親の口振りから、ひょっとして頭が上がらないのはK子だけではないかもしれないと思った。

「それじゃあ、K子もストレスがたまるでしょう。端で見ているお母さんも大変じゃないですか」

「さあ、ストレス……ストレスならたまるのはこっちです」

「こっちです」がいやにきっぱりと聞こえた。

K子には六年の兄がいる。夕方から夜は、その兄とK子の塾の送り迎えと、父親の迎えが時間差で入る。それに夫の父親の世話。夫は忙しくしているので、もめごとはできるだけ知らせたくない。それが初めて知る母親の生活だった。

「私だったらとても続かないですね」

実際そう思った。

「私、もともとはこんなんじゃなかったんです。田舎の育ちでのんびりしてる方なんです」

お互い田舎育ちとわかり、しばらく雑談が続いた。母親は懸命なのであった。最初、K

子の困りごとを伝えたときの母親の突っ張った気持ちがわかる気がした。それは、「これ以上どうしろというの！」という叫びと、強がることで自分を支えようとする姿だったのだ。

次の日、K子がめずらしく日記を出しに来た。そこには、

《先生、きのういっしょに消してくれてうれしかった。なぜあんなことしたかと言われると、それは自分でもわかりません。ごめんなさい》

とあった。私は、

《K子、むずかしく考えなくてもいいよ。きっと心の中にモヤモヤしたものがたまったからじゃないかと思う。またたまってきたらこれに書けばいいよ。先生聞いてやるよ》

と返事を書いた。それから時どきK子の日記が机に置かれるようになった。学校の決まりや専科の先生に対してなど、そこには一方的に決めつけられることへの反発が書かれてあり、鋭い感性を感じた。私はていねいに返事を書いて返した。K子は落ち着いてきたように見えた。

❀万引事件と父の変化

夏休みが明け、運動会も終わった一〇月半ばの放課後、となりの校区にあるホームセン

ターから電話が入った。

「おたくの学校の生徒さんが、万引きをしたんですわ」

K子だった。

「うちとしては品物も全部もどってるし、注意をしたので親に引き取りに来てほしいんですけどね、どうしても家に電話かけてほしくないと言っとるんです。どこにかけたらいいかと聞くと、先生にかけてほしいと言うんで電話したんですわ。すみませんけど、来てもらえますか」

あらかたの事情を聞いてから、急いで店に向かった。警備室のドアを開けると、K子は赤くはれた目で私を見た。

「うちはもうこれで結構ですから」と言う店長と警備の方にお詫びをし、K子を連れて学校へもどった。だれもいない教室に二人並んですわった。K子はもう泣きやんでいたが、しおれた顔で机の上を見ていた。

「K子、これで自分がダメな人間だなんて思うなよ」

「家に言う?」

「このままでいて、すっきりするのかK子。バレないかってびくびくしてる方がダメになるぞ」

「…………」

「お父さん怖いか?」

小さくコクッと頭を動かしてから机の上を見たまま、K子はボソボソと言った。

「怒られるのも嫌やけど、……また私のことでお母さん、きつく言われる。……そこにいると、自分が怒られるより嫌な気持ちになる」

この言葉に私はずしんときた。この子は自分が叱られることより、次にどういう事態が起こるかに心を傷めている。家庭での母親の立場を鋭く感じ取っていたのだ。

私は「荒れ」ていたK子の顔を思い出した。当初、〝受験戦士〟のストレスがその原因だと思っていたのが、いかに皮相な見方であったか。この子の胸の奥には、家族の問題が横たわっていたのである。私は、K子の素顔にふれたように思った。

「K子しっかりし。先生もいっしょに話してやるから」

そう言うと、K子も納得した。家に電話をかけると母親が出た。事情を説明し、いっしょに家に行った。

インターホンを鳴らし、玄関に入ると、そこに母親が立っていた。そしてK子をにらみつけると、いきなりバシッと頬に平手がとんだ。「ちょっと待ってください」と言うが早いか、K子は「ごめんなさい。ごめんなさい」を繰り返し、泣いた。上に通され、店から聞いた事情を説明した。

「すみません。でもこれからどうするかは私の一存では決めかねますので、父親と相談させてもらいます」

「そうしてください。でもお母さん、実は……」

私は先ほどK子が教室で話したことを告げた。母親は驚きの顔で私を見ていたが、

「お母さんのことをこの子はちゃんと見てくれていたんですね」

と言ったとき、下を向き、その目に涙が浮かんだ。

思えばK子は、もっと母親に甘えたかったのではないだろうか。しかし、ストレスをためながら父親に従っている母親に反発し、素直に自分を出せずにいたのだろう。思春期と相まって、K子の心はますます不安定になっていったにちがいない。

K子のことで、母親と共有できるものをひとつ見つけることができたと思った。

父親と一度話したい旨を伝えると、了解されたので、いったん学校に戻り、帰宅を待った。電話がかかって、家に行くと父親がソファーに座り待っていた。母親が去り二人になった。

「先生、今日は娘のことでご迷惑をおかけしましたな」

「迷惑だなんて。K子は私にとっても大事な子どもです。今日したことは悪いですが、

私にはK子は悪い子だとは思えません。ただ、学校にもおうちにもK子が安心する場が必要だと思うんです」

「で、先生はどうされてきたんですか?」

私は、最初K子を困った子だと思っていたが、そこには自分の決めつけがあり、話していくと違うK子の面が少しずつわかってきたこと、ほんとうは走り回って遊ぶのが好きだし、そういうときのK子は素直だし、優しい子であること、感受性が鋭く、そのために傷つきやすい心をもっていることなどを話した。父親は黙って聞いていた。

「わかりました。先生が偏見ではなく、公平な立場だということはよくわかりました。それで、どうしろと言われるんですか?」

「今日、K子は、家に電話されるのを嫌がったんです。こういうケースは何度か経験していますが、K子のように最後まで拒否した子は初めてです。私はどうしてかなと思いました。K子は単に自分が怒られるのが嫌だったんじゃないんです。このことでお母さんがお父さんにきつく言われるのがいたたまれないと言っていました。もちろんその原因をつくった自分をいちばん責めていましたが…」

「そうですかあ。そんなことを言ってましたか。……うちは夫婦げんかみたいなものはまったくしたこともありませんし、そうしたことで子どもにストレスをかけたことはないと思っていたんですけどねえ」

そう言ったきり父親は黙った。私も黙り、相手を待った。

しばらくすると、父親はうんうんうんと小刻みに頭を動かした。

「もう一度子育てを考えてみますわ。……ちょっと一方的にこちらが言い過ぎていたかも知れません」

父親はひとり言のように同じことを二回繰り返した。私は、「よろしくお願いします」と言って頭を下げた。すぐとはいかないだろうが、K子といっしょに考えてくれるようになればと思いながら、家を後にした。母親が外まで見送ってくれた。


それから数日後、K子の出した日記に、テレビ番組を観た感想と批評がのっていた。どうしたと聞くと、「別に」と言って笑っている。でも、お母さんが買い物に連れて行ってくれた話をうれしそうにしてくれた。

そのK子は今、大学を卒業し、法律事務所に勤めながら弁護士を目指している。

実践❷

「何でてめえなんか!」とすごむY子と女子グループ

――給食訪問といって、各班を順番にまわって食べていたら、この班から机をはなされた。みじめなひんやりした気持ちと、憤ったフツフツとした熱い気持ちが私をおおい、彼女たちを一瞬直視できなかった。一昔前の自分だったらプッツン切れて、「バカヤロー!」と言ったはず。(本文より)

桜　元彦（佐賀・小学校教諭／仮名）

四月。久しぶりに高学年五年生二二人の担任。男子一〇人、女子一二人で人数的には恵まれている。しかし、新学期が始まって二週間ほど経っても、学習中の反応の悪さにはまいった。発言する子は女子で二人、男子で三人。私が質問すると、黙って下を向いている。決まった子だけが意見を言い、それから広がっていくこともない。中には、板書した文字をひたすらノートに書き込む子もいる。いったいこの状態をどうやって打開するのか。

学級を分析していくと、どうも閉鎖的で、私を避けている社会体育で結びついた女子四人組があやしい。それに、一日中ブスッと不機嫌面したY子と、その取り巻きが雰囲気を暗くしている。男子は遊びに命をかけたようなギャング集団。そして、そうした集団の陰で陰気に毎日を過ごしている子が数人いる。

私は、この状況を放置したままでは、学習をいくら工夫したとしても、開放的で自由にものの言える学級をつくるのはむずかしいと思った。そこで、次のような基本方針を立ててみた。

①特に気になるY子に接近し、その鬱屈《うっくつ》した行動の裏にあるものが何なのかをつかむ。

②女子グループへの接近をはかる。

③活動的な男子のエネルギーを積極的に位置付ける。

＊Y子の中の〝おとな不信〟

Y子は四年のとき、腎臓を悪くしてK病院に三カ月ほど入院し、四月になって出てきていた。私が「Y子、大丈夫？」と言うと、ブスッとした表情のまま無視。通院の日に「明日は病院だね」と声をかけると急に振り向き、「何でおめえなんかにこたえなくちゃいけねえんだよ」とすごむ。顔色は悪くてむくんでいる。

学級の最初の雰囲気が雰囲気なので、朝の会ではもっぱら私が五年のときの話をした。「聞きたくない人は別に聞かなくていいから」とことわって。そんなY子が私の話に反応したのは、次のような話のときだった。

――先生の五年のときは、分校から本校へ移ったときでした。そこで、A子へのいじめと出会いました。A子は服がみすぼらしく、決して清潔な子ではありませんでした。みんなから「きたない」「くっつくな」と言われ、机はわざと離し、A子が通る廊下は空気が汚れていると言っては通らない。そんな行動にたまらなくなって、思い切って担任の先生に訴えに行きました。しかし、「ありがとう」と言われたものの、その後、何の進展もないので、先生に対する絶望感を持ちました。こんな教師になりたくない！　これが先生の教師としての出発点です。だから…（思わず涙が…）。

この話を終えた後、色白でほとんど目立たないT男は一人、シーンと静まり返った教室の中で拍手をした。このクラスで出会うはじめての深い自己表現だった。そしてもう一人、私の顔をジーッと見つめ、また視線をおろすY子の姿を見ることができた。

私は、定期検診に出かけるY子に声をかけ続けていた。あんなにひどく興奮し、反抗していた口調は沈黙へと変化していた。

様相が変化してきたので、いま一度家庭訪問した。訪問では、母親が切々と、この子が病院や教師、おとなに対してどんな思いでいるのかを語ってくれた。Y子は入院中、病院でいじめを受けていた。またその間、学校や学級からの連絡もほとんどなく、そのため、退院後も学級に居場所を見つけることができなかった。Y子の大人不信はその頃、頂点に達していたのだった。

それから朝の会では、手足の自由を失いながらも懸命に口に筆をくわえ、詩画を描き続ける星野富弘さんの本を読み始めた。ときには一人ひとり筆を口にくわえさせ、絵と文字を描かせてみた。また、私の入院生活の話も語った。

そんなことを続けていたある日、Y子からの日記がはじめて届いた。

《私はこのクラスで何とかやっていけそうな気がする。でも、久しぶりに学級に帰ってきたからといって、私を特別扱いするのはやめてほしい。自然がいちばんいい》

この後、Y子は自分の病院生活のことを少しずつ語り始めた。

「看護師さんから点滴の針を何回も何回も刺され、腕は青黒くパンパンにはり、死にそうだった」など。

Y子の語りは、私とY子だけのものにせず、必ずY子に許可をもらい、学級全体に返していった。こんな話はみんな真剣に聞いてくれた。Y子は強い薬を多量に飲んでおり、日によって機嫌が違ったが、徐々に明るさを増していった。

私のあだ名はいつの間にか「ジョロ」になっていた。

「ジョロ、今日も病院に行ってくっからな…まあ心配せんと待っとけよ」

このような会話ができるようになっていた。

Y子の変化は、Y子と他の子の垣根も低くした。Y子も気持ちを少しずつ気の合った集団に出し始め、そのうちにバカ笑い小集団ができていった。

✻ませガキ四人組との会話

このY子集団とはまたちがって、最初からベッタリくっついている独特の雰囲気を持つ四人組。四人とも同じ体育系のクラブに所属している。体育系だが、練習は適当に力を抜きダベる。興味の中心はジャニーズジュニアとスピード、グレイ。そんな彼女たちに私が受け入れられるはずがない。この子たちにも手を焼いた。

給食訪問といって、各班を順番にまわって食べていたら、この班から机をはなされた。みじめなひんやりした気持ちと、憤ったフツフツとした熱い気持ちが私をおおい、彼女たちを一瞬直視できなかった。一昔前の自分だったらプッツン切れて、「バカヤロー！」と言ったはず。が、私はその場の居場所をつくり出すために、「おっさんと食べるのもまたいいぞ！」と笑いながら、給食をできるだけ早く食べた（じっと我慢している自分はなんて大きくなったのだろうと、自分をほめてあげている）。

きっとこの子たちにもこの子たちならではの考え方や、それをつくっている環境があるんだろう。間や距離をおいて見ていかないと、ろくなことにならないという過去の苦い経験も頭をよぎっていた。それに彼女たちに近づくために、変に迎合しようとは思っていなかった。そこで立てた作戦は、何気ない間接評価作戦。いつもいっしょに行動する彼女たちの、その周辺にいる子に聞こえるようにつぶやいたり対話したりするのだ。

「仕事さぼってばかりなんだけど、けっこう友達思いのところがあるんだよなー」

「ぜったい自分たちのグループは裏切らないという気持ちもあるし、だいたい今の子はすぐ相手を裏切るのに、大したものだ」とか。

そうするうちに、あるとき、グループのS子が急に私の背中を叩き始めた。またM子は、

「先生さあ、年、いくつ?」

「お前たちの期待する40だよ。何か文句あるか! 40にしちゃあ、バリバリだろ!」

「エーッ40! もっと若いかと思った。私の大好きなタキザワくんはイカスワヨ」

「何だ? じゃタキザワくんはきみのこと知ってんの? だいたい男は中身が問題だよな。先生は頭がいいと言われたことはないが、噛めば噛むほど味が出るスルメみたいだって絶賛されることはしばしばだ。両手で数えても数え足りないよ」

と言うと、

「先生、10本じゃあしれてるね」

と、果敢に言い返してくる。

「何か話してるとうけるー」

と、彼女たちは言い始めた。私は疲れたが。とにかく相手の波長を感じながら話す。ちょこっとずつこちらに苦味を入れながら、どうでもよい話に付き合う。これを心がけた。

こうして、私が教室の机にいると、Y子グループとこの四人組グループが取り巻き始めたのである。無視の日もあるが。あるとき、学校中のジョーロが私の机の上に積まれ、いたずらされたこともあった。そんなとき、彼女たちが学校中を飛びまわり、ワクワクさせてジョーロを集め、ビックリさせようと気持ちを一つにしたおかしさが想像できて、「何じゃ、こらー!」と、わざと驚いてみせる。すると、手を叩いて、顔を見合わせて大喜びするのである。「大喜びしたお礼に、持ってきたクラスに『とっても役に立ちました』と言って、ていねいに返しておいで」と言うと、ルンルンで返しに行くのである。

そしていま一つ私が注意したのは、二つの代表的なグループを対等に扱うこと。話をするときは、そのグループのおもしろさを指摘すると同時に、もうひとつのグループの良さや考え方、おもしろさを話の中に織り込んだりすることだった。お互いがけん制し合い、また、学級の力が不要なところで分裂・対立するのを防ぐためでもあった。

✿「あたいたちの花だん」作りを出発点に

そんなある日、私の上着のポケットに一通のきたない字で書いた手紙が入っていた。

《これ、ひみつだかんね。あたいたち花だんに種植えたよよ〜ん。これひみつだかんね。あたいたちのひみつ。先生だけに教えてあげる》

私はすぐさま手紙を書いた。

「どうして花だんなの？　どうして花なのさ」

「だってきれいだもーん」の返信。

「あれはお前たちの花だんか？　いくらやりたいっていったって、みんなにことわりもせずにつかうのはおかしいよね。先生が手伝って、もっといい花の咲く花だんにしてやってもいいが、みんなの前でひとこと『花だんつくるからー』くらいは言わないといけないんじゃないか？」

これにはすぐに応じて、みんなに宣言し、「あたいたちの花だん」を作り始めた。花だん作りの最中、

「いやーん、こんなによごれて。それにどうしてこんなに肥料ってくさいのよ。もうたまんなーい」

と、ぶつぶつ言いながらも作業をまっとうした。私はこの子たちの感じ方がおもしろく、文句を言いながらも仕事をやると決めれば最後までやり通す姿に、一種のかわいさを感じていた。だから次に私は、

「この学級で農園をつくらないか？　野菜はいいぞー。ダイエットにも美容にも！」

と言いつつ、希望者を募った。最初はミミズでキャーキャー言ってた子たちがキュウリの支柱用の竹を切ったり、畑を耕すことに夢中になる姿にエールを送った。私との結びつきがある程度できた段階で、この四人を呼んで尋ねた。

「あのさあ、自分たちの力がどれだけあるか考えたことあるか？」

「エッ？　ジョロ、いまのって何？」

「お前たちの〝あたいたちのひみつ〟という世界はあっていいと思うけど、その結びつきの強さが自分たちの世界だけに向いてて、まわりの子が寄って行けないムードをつくっているということだよ。いいか！　ある子はこう書いてきている。『私はいまのクラスで自分を出せるのかなーと思ってきたけど、あの四人組がいるからこわい気がする』って」

「エーッ」

「自分たちは考えつかないかもしれないけど、まわりの子は意識している。それだけ影響力があるってことだな。だからそんな力を、自分たちのためにも、まわりの子が楽しく

なるためにもつかってみないか」

そんな私からのメッセージに、

「エッ、私たちってそんな力あんの？」

「あるある」

「それでまず先生からの四人へのお願いは、①学習中、自分たちの考えを出すように努力すること、②まわりの子の意見をしっかり聞いて反応すること。この二つができただけでも、クラスはえらく変わる。みんなが安心して自分の意見を言えるようになる」

こんなメッセージを出しながら、ダイエットだのタレントだのにひどく関心を寄せる彼女たちには、家庭科の学習を大切にし、先のお願いが実行できやすい場をつくった。例えば、「みんながつくっているキュウリは美容や身体にいいものか？」「サツマイモは果たしてくさいおならが出るか？　サツマイモ大研究」「パンと米のひみつ」といった――。

また国語でうけたものは「子どもたちの現代用語事典」づくりで、日常使っている言葉、関心のある言葉を集め、意味づけ、そして討論していく授業であった。彼女たちはコギャル用語集、ケーキ用語事典をまとめていくし、学校への要望を含んだ内容も作成していく。

❀身体を動かす授業の工夫

約三カ月ほどかかったが、少しずつ開放的なクラスになってきた。しかし、一日の三時間目くらいからしか活動は始まらない。けだるそうな身体である。子どもたちの要望もあって、週一で朝の会はリクリエーションをした。またこの頃からマッサージを心がけてみることにした。

私が子どもたちに「マッサージを」と思いついたのは、私自身の子ども時代の経験からであった。私は小学校の頃、かなり人目を気にするタイプだった。周囲のありあまる期待に応えなければならないと強く感じていた私は、自分の真の感情を抑制することが多かった。そのためか、よく肩こりや目の奥の痛みに悩まされた。

そんな私の身体がなんとかもったのは、まだ地域の子ども集団が健全で、山や川を走り回る体験があったからと、それに加え、学校の保健室には〝肩もみおばさん〟（養護教諭）がいてくれて、話をしながら肩をもんでくれたからだろう。

だから私は、無反応で、伏し目がちな目の前の子どもたちを見ながら、精神と肉体を解放してあげたいと考えていた。そして、精神と身体に関する本を買い集め、日常的にできる簡単な体ほぐし的な運動を取り入れるようにした。また、授業スタイル、テーマなども自己の体験や（眠らされている）感覚を素直に表出できるように、という点を大事にするようになった。

さて、そのマッサージだが、最初からお互いの身体接触は抵抗があるだろうと、指回しから始め、慣れてきた頃にお互いの背中を手のひらでさすったり、グーをしてたたく、もむといったことをやらせた。子どもたちからはひどく反発する声が出てくるかと思ったが、「気持ちのよか〜」「体のあつぅーなって、フワフワして、肩の軽〜くなってくる」「がばいよか」（とってもいいきもち）の声が多く聞かれた。

次に、全体的に声がか細い傾向を改善しようと、母音にいろんなイメージを込め、身体の底から出して行く作業にとりかかった。このクラスの子はいったい何人がとことん遊び、大声を出し、くたくたになって寝るといった子どもの世界を体験してきたんだろう。そんな思いをめぐらしつつ、声の世界を楽しんだ。

こうして学習は進んでいく。この頃の私の学習方針は大きく二つであった。

①授業のどこかに多様な表現活動を取り入れる。

②子どもにどんな授業がよいか、問いまとめる。

①に関しては、体育の時間、私や子どもの生演奏による身体表現の重視。学習したことの劇化と発表、テレビ番組づくりといったことで実現していく。

②については、子どもに問うと、「手作業の伴う学習がしたい」「身体を動かす学習がしたい」「それでもわかりたい」の三点にまとめた。

したがって、図工の時間は木工を取り入れた。金づちでたたく、ノコギリで切る。ふだんできないもの、呼吸と力とコツとをあわせ持って関われるもの、という意図があった。できたものは、例えば「森の標本箱」のように、共同で飾るといった方式をとった。社会はリサーチの重視、算数は作ったり折ったりする色紙を使うように努力した。そうした流れの中でY子も変わっていった。

Y子の得意は電話の応対である。実に流ちょうに電話の応対ができる。私はそんなY子の特技を生かして学習の世界へ誘おうと考えていた。折から学習の単元は「食物の自給率」問題。Y子は、自分の身体状況も手伝って、食への関心は人一倍強かった。日本の穀物自給率は40パーセント以下、そのほとんどを外国に頼っている。その輸入される食物は検査機能が十分でなく、ドラム缶で野ざらしにされたり、ポストハーベストなど、外国で規制されているものが日本で許可されている。こうした事実が彼女を奮い立たせた。

「いったいこの近辺で輸入食品を扱っているスーパーはどれくらいあるのだろう」

彼女は、得意の電話作戦でスーパーに聞き込む。

「あのー、N小のY子という者ですが、お宅のスーパーで取り扱っている食品の中で外国産のものはどれくらいありますか?」

「あのー、今の答えではよくわからないんですけど。もう少しくわしくこたえてくれませんか？」

この対応に「スゲーッ」と周囲の子はうなった。

それにしても、私は思う。子どもたちはいまの教科時数に不満であり、もっと自由にできるゆとりがほしいと強く思っている。だから私は父母と合意を深めつつ、たまの「スピード五時間」（注・45分を何分かずつ短縮して班活動などにあてる）とか、「四時間プラス自由な班活動の時間」とかを作り出して実行してきている。

学級はその後、「川の学習」に入り込み、鋭いリサーチ活動と表現力を身につけていく。身体に深く埋もれた〝言葉〟を探す旅は、これからも続いていくだろう。

第Ⅲ章

≫座談会≪

何が今、教師に必要とされているか

出席者

［司会］竹内 常一（國學院大学文学部教授）
＊金谷 孝太郎（40代／小学校教諭）
＊原田 真知子（40代／小学校教諭）
＊松前 ゆり（40代／小学校教諭）
＊井原 美香子（40代／中学校教諭）
＊関場 公一（40代／中学校教諭）
（司会以外はすべて仮名）

司会（竹内）　この章では、前のⅠ章で提起された問題を受け、子どもが教師を拒否するといった事態に個々の教師、または教師集団がどのように対応したらいいのか、自分の体験も含め、「子どもとつながる、子どもをつなぐ」というテーマで話し合ってみましょう。

〝学級崩壊〟という言葉はもう目新しくも何もありませんが、ここ数年、さまざまな子ども問題が起こってくる中で、教育的関係がきわめて成り立ちにくいという事態が起こっていることは事実だと思います。教師と子どもの関係がうまくいかないだけでなく、教師と保護者、子どもと子どもの関係もうまくいかない状況が広がっています。そんな中、教師が子どもをある形の中に意図的に組み込もうとすると、子どもがまとまって反撃に出るといったことも起きています。

そういった状況の中で、共に遊び、共に仕事をし、共に暮らすといった関係をどのようにつくっていくのか。そういう共生の関係ができないと、「教え」「学ぶ」ということ自体がなりたたないわけですから。教師と子ども、子どもと子ども、そこに親ないし、同僚も入ってくるでしょうが――その土台のところが大きく揺らいでいる中で、教師として、いまどのように実践を進めていったらよいのか。その中での失敗とか、手探りだとか、時に光り輝くときもあるでしょうが、そういったところを話していただきながら、子どもや親に、「教師にさせてもらう道」というか、あり方を考えていきたいと思います。最初に、松前さんから口火を切っていただけませんか。

＊暴力をふるう子の思いがけない涙

松前　いま私が困っていることから話してみたいと思います。今年、二四年ぶりに小三を持っています。二年生のとき、学級崩壊した子どもたちで、学年は二クラス、その半分ずつから新しいクラスが構成されたのですが、いまその二クラスとも荒れた状態なんです。でも一方の方は屈強な男の先生が持ってくれて、ガーンとやったんで子どもたちは授業中座っている、しかし私の方は座っていない。座っていないどころか、勝手に机を外に持ち出して、「おいらたちはここでやる」というような感じで頑張る子とか、物を隠したり壊したり、暴力を振るったりする子がいます。放っておけないので、それを注意するんですが、そうすると、「どうせ！」とか言って、今度は私の方に攻撃を向けてくる。

例えば「遊ぼう！」と言っても、「遊ばない」と言う子はこれまでもいたけれど、そういうんではなく、ある男の子はそこにいること自体嫌だ、棘《とげ》というか、サボテンみたいな感じになって、何に対しても突っかかってくる。班を決めるときに「班に入りたくない」と言うから、「うん、いいよ」と認めた上で、「じゃ、一人か二人、先生と組んでもいいよ」

と言っても、それもイヤだと言う。目つきがすさんでいて、日によって、ちょっと肩が触れたというだけで、男の子でも女の子でも誰彼となく足蹴《あしげ》にする。

どうもわけがわからないので、隣の小さい部屋で話をすることにしました。そうしたら、突然、泣き出したんです。私は、その子が泣くということ自体意外だったんですが、泣きながら話してくれたのは「叩くのは嫌だ」「蹴るのも本当は嫌なんだ。だけどやっちゃう。止められない。僕が僕を止められない」と言うんです。で、よくよく聞いていったら「お父さんとお母さんがこの春、離婚したんだ」と言うんですね。

私自身も親が離婚しているんで、「先生も五歳のとき、両親が離婚してるんだよ。でもお父さんとお母さんが別れても、本当に憎み合って別れる人もいるけど、そうじゃない人もいる。いろいろあるんだよ」と言ったら、「お父さんは嫌いだ」って言う。どうしてかというと、「お父さんはお母さんを叩いて叩いて、お母さんは何回も怪我をして、でもなかなかお医者さんに行かない。そしてお姉ちゃんと僕はお父さんの暴力が始まると、寝たフリをしている。もし動いたりすると、今度はお父さんの攻撃がこっちにくるからじっと息を殺している。だけど全部聞こえる。目をつぶっていても見えるんだ。そのことがあって、お父さんは出て行ったけれど、やっぱり怖い。いつまた帰って来るかわからない。それに、お母さんはお父さんと別れたけれど、元気じゃない。だから僕はどうしたらいいかわからない」、そう言って泣くんです。

ぐっときて、涙が…。こんな小さな体で、こんな重いものをしょわされてきたのかと思うと、ただ、いとおしかったです。

「誰にも言えなかったんだ」

「うん」

「じゃ、今日は言えたね」

そんな感じでしたね。結局、突っかかってくる子には必ず何かある。この子の場合は早いうちにわかってよかったんですが、ほかにも荒れている子はいっぱいいて、その個々の事情はわからない。親が家庭の事情だとか、お金のことだとか、夫婦のことだとかといったことを話してくれるようになるまで時間がかかるので、わからない中で子どもを見なくてはならないというのはとてもきついです。離婚とか別居、お父さんがリストラを受けて家にいるとか、子どもの問題に経済的・社会的なことが絡んできているんだなということがこの一年、すごく濃厚になってきたというのが実感です。

竹内 いま、松前さんからＤＶ（ドメスティックヴァイオレンス）の話が出ましたが、つい最近、新聞で「女性の五人に一人が夫に殴られた経験がある。しかも二〇人に一人は病院に行くほどの殴られ方をした」というのが出たでしょ。これは相当高いパーセンテージだよね。

松前　怪我をしても病院に行ったら理由を言わなくてはならないから、ほとんどは行かないように努力するそうです。病院に行くのは我慢して我慢して本当にダメというときだけ。だけど団地ですから、物音とかで、あの家はお父さんとお母さんが仲悪いということを周りの子は知っている。知っているけれど、知らないフリをしてるんだと、子どもが言っていました。

井原　そんなふうに家庭がグチャグチャになっている状況は本当にすごく多くて、私のいまのクラスは中三で二八人ですが、うち九人が一人親、ないしは一人親になるかもしれないという家庭なんです。いわゆる「お父さんがいて、お母さんがいて、子どもがいて、それで家族」という関係にない。そういった事情を子ども自身がすごく背負ってますね。話していると、結局はそこに行き着く。クラスのことなど話していても、話がどんどんずれていって、結局「お父さんがね」「お母さんがね」という話になっていくことが、私のまわりでもとても多いです。

✿気づけなかった〝高笑い〟のサイン

原田　私は、問題を起こさないと見えないし、見ようとしてなかったんだということを、すごく実感した出来事がありました。

いま私は持ち上がりのクラスで、子どもたちとはもう一年間つきあってきたわけ。その中に女の子でものすごくいい子がいるんです。明るくて働き者で、世話好きで、でもでしゃばらず、特にその子はすごく明るく笑うのね。給食のときなんかも「きゃっ、きゃっ、きゃっ！」って、その子の笑い声が響いている。とっても可愛いと、私は思っていたわけ。だから個別面談なんかでも特別お母さんに話すことがない。それで逆にお母さんから、「去年から姑と同居しているので大変だ」なんていう話を聞いていたんです。

その個別面談がこの間もあって、そのとき出てきたのは姑の話ではなく、夫の話だったんです。二、三年前、夏休みか何か長期休みのとき、仕事が忙しいのでつき合えないと言って、子どもを説得したときがあったというんです。ところが、その出かけられないと言った日に、女の人と出かけていたことがあとになってわかった。そのとき、写真を見つけたのが彼女だったんだそうで、「考えてみると、あの子が『キャハハハ』と高笑いするようになったのは、あの頃からだったような気がする」と、お母さんが言うんです。それといま、姑との関係も良くなくて、そのため、あの子はそんなにしなくてもいいのにと思うくらい、家でも〝いい子〟をやっているんだっていう。

その話を聞いて、すごくショックだったんです。私はその子は、明るい子で、問題を抱えているなんて夢にも思ってなかった。私たちの目は、どうしても何か問題行動を起こす子にいきがちだけれど、その子は高笑いするという形で自分の問題を現していたんですね。私は、自分では、いつも子どもを知ろう知ろうとしている教師だと思っていたんだけど、「この子の高笑いに何かあるんじゃないか」という眼差しは全く持ってなかった。それがショックでしたね。

竹内　まさに〝陰主婦〟だね。家の中が非常に緊張した状態になっていて、ひとつバランスを崩すと、すべてが壊れてしまうといった状況を、彼女は〝陰の主婦〟として、一生懸命カバーしてたんでしょうね。無意識に家の中のトラブルを収めようとする、女の子の場合、あり得る話ですね。

❀担任だけをわざと〝ジカト〟する生徒

関場　いまの話を聞いてて、すごいなって思いました。松前さんや原田さん、井原さんもそうだけど、目の前の子どもとそのことをきっかけにつながっていきますよね。私はいままでに子どもがそこまで心を開いて話すようなケースが幾つくらいあったかな、と考えていたんです。そういうことも何回かはあったかもしれない。でもそれは数えるくらいです。生徒も本当は話したいのかもしれないけれど、逆に話さないのが普通かなとも思う。

「子どもとつながる」というテーマですが、もしいまのような事例を「つながる」、あるいは「子どもを知る」というふうに言うなら、私自身はできないなって感じます。私の場合、その三歩くらい手前で、せいぜい生徒と「友好的に話せるか」、その中に多少なりとも「〝自分〟に関わる本質的なことを含められるか」というところ。しかしそれだってなかなかきびしい。

竹内　でも、そう思ってても、逆に生徒の方から入り込んできたらどうなるの？　この先生は自分の抱えている問題を受けとめてくれそうだ、この先生に自分をぶつけてトラブルを解いてみたい——と、そんなふうに理詰めで考えないにしても、無意識にそう思って、悪態をついたり、かまってもらいたいから悪いことをしてみたりということはあるんじゃないの？

関場　あると思います。いま、前から二番目の席に座っている子が、学年で一番荒れていると言われている子なんだけど、昨年まではわりと話ができて、「最近どうだ？」なんていう会話を交わしていたんです。ところが担任を持った四月七日から、私はずっとシカトされている。机間巡視するでしょ、歩いていくと、その子は机をサッとずらす。気のせいかなと思うじゃないですか。でも、通り過ぎるとまた元に戻すんです。それも一回だったら何かのひょうしでかな？　で軽くすませるんですが、これが二回、三回と続く。そのうちに他の生徒から「先生、またやられたね」と言われたりする。「そうなんだよ、どうすればいい？」「先生、気にすることないよ」

なんて会話を別の子と交わしたりしています。

しかも彼がターゲットにするのは私だけなんです。他の先生にも反抗的なことはするけれど、会話は可能。私とは完全に会話しない、という決意を込めた行動なんです。だから教室掃除も、私がいる間は絶対教室に寄りつかないで、私が引いた時間を見計らってやってくる。給食の時間も避ける。他の先生に話すと、「それは関場さんだけにわざとやってるんだから、すごく気になっているということの裏返しだよ」とか言うんだけれど、それにしても本当に尖《とが》っている。こっちも尖ってくるでしょ。だから一触即発のところまで行きかねない状況です。

しかもこれとよく似た問題が、子ども同士の中にもあって、例えば、ある班は六人構成なんですが、その六人は互いに誰とも一切口をきかない。掃除の時間に行くと二人くらいしかいない。何で二人かというと、それぞれが時間をずらして来るわけ。「六人とも掃除に行ったか？」と聞くと、「行った」と言う。来ているけれど、それぞれが会わないように来るんです。

原田　それ、中学何年？

関場　中学二年生です。子ども同士が切れている状況と、教師に対し、敵意を込めて向かってくるケース。それは竹内さんが言うように、アクティングアウトして教師の方を向いているとも言えるけれど、その刃はとても鋭い。そんな状況の中で、子どもとどうつながるか、子どもをどうつなげるかということが、私自身強く問われていると思います。しかしこの作業は正直言って、本当に苦しい。

❋担任は「拒否しなくてはならない」存在なのか

金谷　きつい状況だと思うけど、関場さん自身は自分の中でそれをどう解決するつもりなの？

関場　尖っている子の問題は、すぐには解決しないですね。しようがないから、私がやろうとしているのは、その子が一人だけ違う行動をとってしまうので、「どうする？」と周りの子に聞くと、「あいつはいつもそうで、いまは先生にだけすごくひどいことをしてるけど、他の子ともしゃべらないし、何かやっても一部の子とだけ、しようがないんだよ」と言う。

「じゃあ、何にもやらなくていいのかな？」

「いいんじゃない、先生」

「でも、何もしてもらわないと、あいつも寂しいんじゃないかな?」

「先生、そんなこと思うの?」

「ちょっと思うんだけど」

「じゃ、ひと言くらい声かけてくれれば!」

そう言われて、みんなに押されるようにして「掃除しようか?」と言いに行ってみたりするんです。するとまた、「ふんっ」とやられるから、帰ってきて、

『ふんっ』てやられちゃったよ」

「そうでしょ、だからやめようって言ったんだよね」

と、そんな感じですね。つまり私の困った状況を外に開いていくというか、そうしないと自分の心が処理しきれないということもありますし、同時に、その問題を他の人間に共有してもらって考え合う場にしていきたいということでもあります。特にクラスの子たちに開くというのは、後者の意味合いが強いかもしれない。

でもだからって、この件が早々にどうにかなるとはとても思えない。でも私はどこかで、彼ともいつかは和解できるかもしれないと思っている。しかしそれも頑張って正面突破しようというようなことではなく、運がよければわかり合えるときがくるかもしれない、と

いった程度ですが。

竹内　でも、彼のそのかたくなな姿勢は関場さんに対してだけではないでしょ。公衆の前で、みんなの前でそれをやってるわけでしょう。一方では、関場さんに対するかたくなな姿勢を貫きながら、みんなの中での自分の位置を定めようとしているんじゃないの？

関場　それはありますね。

竹内　それと、いままで関場さんとは仲良かったけど、担任と仲良くなるなどというのは、オレの沽券《こけん》にかかわる、みんなから「関場にやられた」などと言われるのはプライドが許さないから、表面ではあえてたて突く、そういった側面はないの？

関場　あると思います。周りの子に聞き出していくと、小学四、五年頃から担任の教師には常にそうした態度をとってきたようです。つまり担任というのは、いろんなものを背負って担任だから、彼にとって、担任は「拒否しなくてはならない存在」なのかなという気がします。

竹内　両方あると思うな。担任が介入しすぎるという問題もあると思うし、もう一つは、そういう形で担任と関わりたい、関わってなんとか自分の背負い込んでいるものを解決したいという、その両方があるだろうな。

＊子どもとつき合う〝作法〟

関場　話せばわかるといった「強い指導」は拒否されるという感覚が私にはすごくあるんです。やればやるほど向こうは引いてねじれていくという気がするんで、「ちょっと待て、とにかく話そう」というふうにはしたくない。でも話そうという姿勢は示していく。つまり直球でいくんではなく、脇の方をウロウロしながら、ちょっと入っていくようなのがいいかなと思っているんです。

竹内　それが中学生らしい〝自立〟の姿なのかもしれない。そうだとしたら、関場さんは彼の自立の試みを尊敬したつきあい方というか、〝作法〟にかなったつきあい方を探っているのではないの？　一定の〝距離〟をとるということは、すぐに介入や侵入はしないから、安心していいよというサインなのかもしれない。そういうスタンスをもっとポジティブに評価する必要があるんじゃないかな。

井原　関場さんだけでなく、違う人も絡んだ方がいいんじゃない？

竹内　違う人がからむというのは、子どもと関場さんの関係を外に開いていくというか、公共のものとすることだよね。

関場　そのとおりです。ですから学年会でも話して、側面から援助してもらっているんだけれど、ただうちの職場は結構管理的な傾向が強くて、「そういう奴は親を呼んで、掃除の時間にずっと立たせたらどうですか」とか、「それでもやらないのなら、家に引き取らせたらどうですか」などと言われたりして、ちょっときびしいものがあります。でも「どうしようもないんですよ」と言って、脇から手伝ってもらうということはしています。

原田　その子がなぜそうなのかといった点について、親と話したりはしているの?

関場　もちろんしています。原因はハッキリはわからないのですが、ずっと暴力の中で育ってきたということはあるみたいです。さらにもう一つ、小学中学年までは優等生だった、スポーツも勉強もできて。ところが、小学四、五年ぐらいで、他の子たちがぐんぐん伸びてきて、「あれっ」という感じになってきたあたりで、親とのトラブルが増えたみたいです。そして五、六年で学級崩壊の原因として扱われたようです。

松前　熱血教師みたいな人ががんばって、裏切られても傷ついても、何とかがんばれば子どもはいつかこっちを向いてくれるというのは、いまはもう夢のような話だと、私は思っているんです。だって、追えば追うほど逃げちゃうし、そういう子は、家で暴力を受けたりしてるケースも多いし。

さっき学級が荒れているという話をしましたが、うちのクラスの子どもたちも昨年、担任がどうしようもなくなって、騒ぎの中心になった男の子たちは朝から教室を閉め出されていたみたいなんです。給食もどこか違うところで食べていたらしく、「一一月頃からはすごく寒くなって外で食べるのはきつかったよな」なんて思い出話をしてる。そういう子たちは「どうせ捨てられたんだから」という思いが心に住み着いていて、教師がそれを取り払おうとして、「そんなことないよ。先生は君のことを信じているんだから」とか、「勉強だって絶対分かるように教えてあげるから」と言っても、逆に逃げちゃう。むしろ自由な放任時代が懐かしいわけ。「席に着け」とか、「チャイムが鳴ったら帰ってくるんだよ」といったことをすごく嫌う。

とはいえ、そういう自分と、もう一方では「勉強ができるようになりたい」という自分の間で揺れていて、それですごく荒れていると思うんです。

そういう子たちがこっちを向いてくれるまでは、まず追いかけてはいけない。あたらずさわらず、気づかないフリをしながら、でも入ってきたら受け入れるみたいな、そういうスタンスが大事じゃないかなと思っているんですが。

原田　そういうのは〝技〟に近いところがあるよね。

竹内　それは〝技〟であると同時に、子どもとつきあう〝作法〟なんじゃないかな。

松前　そうかもしれないですね。

＊〝熱血〟は嫌だが、バイバイしてほしくない

関場　〝熱血教師〟という話が出ましたが、四月、クラスを持った日に、「担任にこうしてもらいたいこと」っていうのを書いてもらったら、「熱血はやめて！」と書いてきた子が何人かいました。

松前　でも、金八先生は人気があるんだよね。

井原　他人事だからでしょ。あれが実際目の前にいたら、たまらないんじゃない。

関場　子どもが「やめて」という「熱血」は、教師が自分の価値観をどこまでも押しつけてくることだと思う。

金谷　ただ「熱血」でぶつかってきてほしい瞬間もあるんだよね。

松前　そうそう、バイバイしてほしくはないんだよね。

金谷　だから、初めから熱血やられるのは嫌だけれど、つき合っていく中で、「熱血」できてほしいという瞬間がある。

松前　そうすると、私の場合、最近子どもがすぐゲームに乗ってきたり、「遊ぼう、遊ぼう」と言ってきてくれることがあまりないんだけど、そういったことを寂しがらなくてもいいってこと？

金谷 そう、裏で親と話していたり、その子について周りの子どもと時どき、その子のことを話題にしていく関係が成立していれば、反抗されていようが、無視されていようが、僕の場合、当面そんなに問題にしない。だけど、そのうち、ここはどうしても話し込まなくちゃいけない、出ていかなくてはならないという場面が不思議と出てくる。「指導を熱く」とは言わないけれど、深く入れ込んでいくタイミングが必ずある。初めから教師の価値観を押しつけてはダメだという、さっきの話には賛成だけれど、最後までそれをやらないというのは違うと思う。ある程度つき合う中で、ここぞというとき、こちらのメッセージを伝えていく瞬間を見極めることが大事と思う。

竹内 子どもの経験したことを意味づけるときとか、子どもが獲得した価値や道徳を子どもといっしょに意識化していくときとかは、情熱的に語るべきでしょうね。そうであってこそはじめて子どもは自分自身の値打ちを感じ取ることができるはずです。

松前 でもぶっちゃけた話、これは前の学校だけど、子どもに毎日無視されたり、罵倒されたり、給食にいろいろ混ぜられたりしたときは嫌だった。子どもが怖かったし。私は、子どもが好きか嫌いか迷うときがある。嫌いになるときもある。子どもが好きでなかったら教師ができないんだろうか？ そこをどうしても聞きたい。

金谷 嫌なのに、子どもとか親といった、周りの人たちの自分への評価が気になるから、

「子どもは好きよ」といった態度で接しなくてはいけない、そういう自分が嫌なんじゃないかな。嫌だったら、嫌だというふうに自然に振る舞えばいいんじゃないですか。気持ち的に「いい教師でいよう」とか、「模範的な教師であろう」とか、「荒れを収めよう」とか、そういったスタンスで一歩を進めてしまうと、余計に苦しくなってしまう。

❋問題をオープンにしていく意味

原田　私もおととしのクラスがそうだった。そのクラスは編成替えがなく、担任だけが変わったんだけど、親はそれまで元気が良くて、とてもいいクラスだとしか聞いてなかったというわけ。ところが、実際はちょっとしたことでキレて暴れる子が何人もいて、ケンカや暴力事件が絶えない。授業妨害もするし、反抗もすごい。周りの子たちはおびえて言いたいことも言えないという状態だったの。それで私は、職場にも親にもサークルの人たちにも「大変だ、大変だ！」と言いまくって、応援を求めたんです。「クラスはいま戦争状態です」から始まって、「教室に来てください。見に来てください」と呼びかけたら、いろんな人が見に来てくれた。毎日、子どもがキレて暴れているときって、藁《わら》にもすがりたい思いじゃない。そんなとき、誰かが見に来てくれる、そこにいる大人が私一人じゃないというだけですごく心強い。

そんな中で、いちばんの収穫は、親が来て、見てびっくり！　知らされてなかったということがショックで、こんな状態を先生一人で抱えているのでなく、共有したかったたって言ってくれたんです。だから私は、公開することでずいぶん救われた。

松前　でも親に話すとき、勇気がいるよね。

原田　それはもちろん！　一番暴れている子どもの親と最初に結ばなければダメ！　その親と話ができれば、の話だけど。その後、全体にどう話すかということも、その親と話してから。これは原則だと思う。

金谷　それが教育の公共性を築くということだよね。公開して、親といっしょに共同して、われわれの側の公共性をつくっていく。

関場　事実が見えてくると、「それをどう見るか」とか、「どうしようか」ということになりますよね。少なくとも人に話したり、公開したりした方が（誰に公開するかということもあるけれど）、前よりは楽にやっていける感じになることは確かですね。

竹内　同じことは子どもにいえるんじゃない？　問題を子どもたちの中にオープンにしていく。もちろん、このときだって誰にどの範囲までオープンにしていくか考えなければならないけど。問題がオープンにされ、みんなの中に据《す》えつけられるとき、子どもたちは、それを自分たちの問題ととらえ、それにどう関わっていくかを考えるようになる。

問題をオープンにしていくということは、問題をみんなで定義しなおして、それにどう関わっていくかを自由に判断しあうことじゃないかな。それが金谷さんのいう〝われわれの側の公共性〟でしょうね。

関場　原田さんの実践で「被害者同盟」というのがありましたよね。クラスに暴力的なグループがあったとき、暴力や暴言にあった子たちが集まって「励ます会」をつくった。互いに励まし合うことが当初のねらいだったけど、次第に暴力的な子たちの行動を読み解いたり、彼らを支えたりするグループになっていった。つまり、困っていることで、つなぐつながりがいい感じ。教師も、「うちもうまくいってないんだ」という感じでつなぐ方が思いを出しやすいのと同じように、子どもたちも「どうもこれが心配なんだよ」とか、「こういうことになった、どうしようかな」というところでつながれるかなという感じをすごく持っています。

「何々をがんばろう」とか、「何々をつくり出そう」とかいうつながりはすごく形式的だったり、強制的だったりすることが多い気がしていて。困っている同士、心配な者同士のつながりの方がリアルだなという感じがします。いまそんな感じでお互いをていねいにつなげていかない限り、次に進めない。互いをつなぎながら、その中に少しずつ、自分やクラスの現実が出てきたりする形を多様に生み出しながらいかないとうまく進まないのではないでしょうか。

竹内 公共空間を多元的・多層的につくりあげていかなければ、〝われわれの側の公共性〟をつくることができないということでしょうね。

✱自由参加のサッカー大会の教訓

松前 うちのクラスの授業は荒れてぐちゃぐちゃなんだけど、ＡＤＨＤの子を含めて七人の子どもたちのグループがトカゲクラブをつくって、トカゲを探しに行くんですよ。その中の一人の子が「うちの隣の駐車場は僕のものだ」とつい言ってしまった。そこはいっぱいトカゲがいて、取り放題だったわけ。そうしたら、何だかケタハズレのことをやったらしく、駐車場の持ち主とか、管理している人から「困ります」「無断で入るな」って、学校に苦情の電話が何本もかかってきた。

だけど聞いてみると、すごく楽しかったんですって。で、教師を無視してつながっちゃった。そして一緒に荒れるんですよ。荒れる仲間が増えて楽しい。だから一人が「授業なんかやっていられねえ」と言うと、みんな机と椅子を持ってぞろぞろ出ていく。こんなこと、もう少し前の私だったら、「いいじゃん」とか、「楽しいじゃん」とか言って、楽しむ自分もいたけれど、いまはそんな自分はいなくて（笑）困るなと思っているんだけれど、でも子どもたちはけっこう遊んでるんじゃないかという気もするし。
ただしケンカはすごい。その中のボス争いとか、イジメとかはいっぱいある。でも子ども時代は、そういうこともくぐった方がいいかなという気もするし…。井原さんのところの中学生たちはどうですか？

井原　次年度は消える運命にある球技大会のときのことです。生徒会が主催して、生徒は自由参加なんです。いまは決まり切ったことをやるのだって大変なのに、「自由参加なんてとても無理、やめましょう」というのが職員室の大勢なんですね。放課後を使ってやるんで、生徒に任されている。そのときサッカーをやることになったんだけど準備がずさんだったんで、どひゃーっと出てきたものをどう収拾したらいいかわからない。誰が審判かもわからず、しかもみんな、自分のやったことが正しいと主張している。中でもサッカークラブに所属している子たちは実力が抜きん出ているから、自分たちの華麗なプレーをみんなに見てもらいたいわけ。「オレのを見ていろ」というのがあって、めちゃくちゃになっちゃった。

終わったときの感想が「俺たちが正しい。他の学年はひどい」。二年生は二年生で「三年と一年はバカだ」と言うし、一年生なんかは「もう二度と参加しない」と言って、もう学年抗争になるんじゃないかというくらい怒りまくった状態で終わったんです。それで、二年生で私のクラスの生徒会副会長をやってる子がめげちゃって、「せっかくやったのに失敗だった。みんな仲良くするためにやったのに、これではみんなの仲が悪くなったじゃないか。どうしよう」と。

しかも恐ろしいことに、その一週間後に自分の学年の球技大会が準備されていた。彼は、またあんなことになるんじゃないかとビビってしまったわけです。その球技大会というのは、日頃あんまり授業がうるさいので、授業を静かにしたら何点もらえる、何点になったらお祝いをするという約束をして、そのお祝いの会だったんです。

そこで、彼は失敗を繰り返さないために、今度は前もっていろいろ作戦を考えた。初めて周到な準備をしたわけです。まずルールを決める、興奮しすぎないという約束を取り付ける、さらにクラス対抗にするからみんなが興奮するということがわかったので、クラス対抗はやめて、強い人間は最初から分けておく、種目は接触プレーのあるサッカーはやめて野球にしようと。

そうしたら、みんな「興奮しないんだね、興奮しちゃいけないんだね」と口ずさみながらやって、すごく楽しかったって。「やっぱりルールがあると楽しいね」「またやろう、またやろう！」、勝った負けた関係なし、「面白かったじゃん」「なんかいいね、こういうの、ほのぼのしちゃって」とか言って。失敗から学んだんでしょ、みんな。

✿ケンカと遊び

松前　うちはルールのある遊びなんてできない。もう乱闘事件！　一球投げるごとにピッチャーが怒ってアスレチックに登っちゃうから、みんなで拝みに行くの。「おまえが投げないとキックベースができないからやってくれ」って。ルールは守れない。ルールがない自由遊びみたいなのはできるけど。

金谷　遊びというのはある程度、秘密性とルール違反というのが前提にあるから面白いんじゃないの。ルールがあって、それに違反するドキドキ、それが「遊び」で、さっき井原さんが話した後半の取り組みは「行事」だと思う。「行事」のおもしろさというのは、みんなで決めるおもしろさ。僕は前者の方が面白かったと思うけど、もちろん主催する側はたまらないよね。

竹内　子どもがルールのある遊びができるようになるためには、おとながつくったルールから抜け出して、自分たちの手でルールをつくるという経験が必要だよね。でも、ルールをつくるためには、ルールをつくるルール——構成的ルールといいますが——を発見しなくてはならない。話し合いの仕方とか、ものごとの決め方などです。ケンカや口論はルールをつくるルールの原型でしょ。だから、子どもはケンカしながら遊んでいる。そんなふうにして、子どもは「私がルールブックです」というおとなの支配から抜け出していく。昔の男の子はそれを草野球の三角ベースでやってきたのですが、いまは三角ベースをしてきたという学生はいません。でも、それに代わるものとして「3オン3」（注・3対3のバスケット）があるようです。そこでも構成メンバーやシチュエーションが変わるたびに、みんなでルールを変えていくというのです。このように考えると、松前さんの学級でケンカが増えているということは悪いことではないいんじゃない？

❀和解できない子どもたち

金谷　いまの子って、ケンカした後はどうなるの？　どうやって仲直りするの？

井原　なかったことにするんじゃないかな。ただ、しばらくはダメ！　しばらくはダメだけど、あとは全然根に持ってないフリをするんじゃないかと思うんですけど。演じるんじゃない？　仲の良くなった二人を。

金谷　うちの隣の教室で一年生がすごいケンカをしていて、「やめなさい」と言われて、殴った方が「ごめんね」と言ったら、瞬時に「いいよ」って。そういうことってないかな、条件反射的に。大人が「ごめんなさいって言われたら、いいよって言いなさい」と言っている。うちは単学級で、幼稚園から四年生までずーっといっしょ。この間、「いままでに傷ついたことはありませんか」というミニ作文を書いてもらったら、「○○くんにいじめられた」とか、「カードを取られた」とか、二年も前のことを書いている。ずーっとイジイジと引きずっているんですよ。

井原　中学に入っても許していませんよ。澱《おり》みたいにたまっちゃってる。

金谷　そうでしょ、本当の意味で水に流せない子って多いんじゃないかな。だから出会い直しができない。うちの場合、単学級だからよけいむずかしい環境にあるんだろうけど、それ（出会い直し）ができないから、新しい自分が発見できなくて、自分がダメだ、ダメだとずっと思っている。そういうもつれた関係をほどいていくというのも教師の重要な仕事だと思う。

原田　子どもの抱えているものが非常に重いから、そこに教師が関わっていこう、子どもをつなげていこうというような発想で子どもに関わっていくと、巻き込まれて自分も大変な目に遭《あ》ってしまうことが多いでしょ。だからそこに触れない教師が多い。井原さんの言うように、子どももなかったことにするけど、教師もなかったことにしようという発想が多いよね。

あと「水に流す」、つまり「和解」ということだけど、そういったことを教わっていない。というか、そういう場を設定されていない。教室では表面仲良く、でも実際はよそよそしい関係のままいる場所なんだよ、ということを、教師がどこか暗黙のうちにメッセージしているんだと思う。

関場　そういうこともあると思うけど、それをほどくためにやろうとすると、にっちもさっちもいかない状況になることをお互い骨の髄《ずい》まで知っている。

例えばイジメの問題でも、それ以前の問題が複雑にからみ合っていて、許せないという思いが互いにあって、さらにそこに他の子がたくさんからんでいて、簡単には解きほぐせない。話せば話すほど恨みが深まり、時間が過ぎていく感じ。それなら表面上は何もなかったとする方がましだし、ずっとそうしてきた。そうすると、一見平和に見える分だけ、いっそううすら寒い状況になるのだけれど、他にどうしようもない。そのことを理解した上で、私たちはトラブルの「解決」にあたらなくてはいけないということだと思う。

金谷　真正面から向き合うことで、自分が傷ついたり、友達を傷つけてしまったりという経験はかなり持っている。親もそうで、親同士もかなりトラブッている。

竹内　いまは生活の問題でも、学習の問題でも、教師は子どもたちとの関係性をほどいたり、紡《つむ》ぎ直したりしながら、クラスの生活と学習の物語をつくっていく必要があるんじゃないかな。そうしないと、子どもに跳ね飛ばされる。自分の思い通りに子どもを動かそうとしている教師ほど跳ね飛ばされる。こういう学級、こういう授業をつくらなければいけないという思い込みが強すぎるのかな。子どもたちからすると、それは〝不作法〟なんですよ、きっと。

金谷　全生研の教師の場合、そういう思い込みが強いんじゃないかな。ある程度の学級のイメージを持っていて、そこに引っぱっていかなくてはいけないと。そこまで明確に思っていなくても、無意識に思ってしまっている。僕自身もそういう部分が少しある。

竹内　それと、さっき、子どもや親の中にあるトラブル回避の〝生活作法〟を話しましたが、それは考えようによっては不安な状況を生きる自己や他者への配慮の〝生活作法〟なのかもしれません。このような〝生活作法〟を抜きにして、正義を子どもたちのものにすることができないというのが、いまの時代だという気がします。それほどに正義はだれにも重たい。同じことは授業についてもいえます。このような配慮があるとき、子どもたちははじめて真実を追求するようになるのではないでしょうか。正義とおなじく真実も重たいのです。だから、過ちや誤りを大きな傷にしない関係性がまずは必要となるのです。

＊トラブルは子どもが教師に見せるSOS

井原　先ほど、金谷さんから「全生研の教師」という話が出ましたが、私がいま気になっているのは教師の〝開き直り〟です。本当にサラリーマンなんですよ！　新教育課程で

「家庭の教育力」が打ち出されているので、「子どもの教育は親の責任だから時間外は子どものことは考えない、責任を負わない、時間内で一生懸命やったけど成果は出せません、でも私はこれだけやりました、それで十分だ」と。「それができるまでやれなどということは上も望んでないのだし、とにかく五時過ぎてまで何かしなくてはならないということ自体狂っている。何かやらせてできないのは子どもが悪いし、家庭が悪いんだからしようがない」ましょう。

――そういう発想がうちの学校なんかにはかなりあります。

竹内　しかしそんなふうに教師が逃げ込んでも学級は荒れたり、子どもとうまくいかなかったりして火傷するわけでしょ？　授業だってうまくいかないだろうし。

井原　それがうまくいってしまうんです。そういう地域だからでしょうか？

竹内　それはうまくいってしまうというより、子どもがそういう先生を見放しているんじゃない？　子どもはトラブルを起こしても教師が注目してくれないなら、トラブルを見せるのもアホくさい。トラブルを起こす教師は指導力のない教師とか何とか言うけれど、子どもとの間でトラブルが起こっていることがいつも悪いわけじゃない。なぜなら、子どもがその教師にＳＯＳを発しているんだから。

そんなふうに考えて、「オレは子どもに選ばれたんだ」くらいに居直った方がいいんじゃないかな。「とんでもないときに選ばれちゃったな」という迷惑も若干感じながら、「でも、こうして自分を練習台にして問題を解こうとしているのだから、少し胸を貸してみようか」と。そういう余裕はないんだろうか？　そういう気持ちがあった方が本当はいい。その方が距離が取れるような気がするけど。

松前　たしかに距離をおくというのはすごく大切ですね。

原田　それと「練習台」という話ですが、私は逆に、おとといのクラスを持っているとき、自分が「練習しているな」とすごく思いましたね。これまで見たことのないような子どもたちに会って、「この子、なんだろう？」と思いながら。こちらがちょっと開けば、ベターッと甘えてきて、自分が侵入されているような気がしたし、そうかと思うと、一方でものすごく反抗するし。

でもそういうことをしながら、アクティングアウトしてるわけでしょ。それは何を意味しているんだろう、そして、私はそれとどのくらいの距離で、どう関わればいいんだろうと。「こっちへおいで」というのは簡単なんだけど、それは違うような気がして、こうかな、ああかなといろいろやってみて、「ああ、私はいま、練習しているんだな」と思ったんですよ。でも教師って、本当はずっとそうなんだよね。

＊障害児学級で教えられたこと

竹内　と同時に、これほど時代が大きく動いているんだから、日々、自分は「知らない」という前提で付き合っていくしかない。僕なんか学生のことは全然わからない。子どもの世界というのは知らない世界だと思い込まないとダメ。教えてもらうしか知りようがない。それと、相手の掟《おきて》にある程度従わないと、相手がわからない。嫌な掟もあるけど、ちょっと付き合ってみるとか。それが往々にして真剣に付き合いすぎるものだから、いきすぎてしまう。そんなときはスーパーバイザーというか、もう一人、自分を見ている自分がいないと危ない。

相手がずいぶんしたたかな子だなと思うときは、同僚に「私がいきすぎたら綱を引っ張ってくれ」とか、「今度の家庭との付き合いはちょっと修羅場《しゅらば》があるかもしれないので、いっしょに家庭訪問する人になってほしい」とか、そういう〝命綱〟をつけておかないと。それは〝命綱〟であると同時に、自分を監督してくれるスーパーバイザーだよね。ところがそういうふうにすること自体、教師として一人前でないという意識があるでしょ？　そして学級担任は全部一人で抱え込んでしまう。

松前　障害児学級にいたとき教えられたのは、プロというのは「これができません」とはっきり言うのが本当のプロだと。それまではどういう子に出会っても「できます！」というのがいいことだと思っていたけど、そうではなく、自分のできること、できないことをはっきりさせて、それぞれの分野でそれぞれ助け合ってやっていくことをしないと、その子の発達を保障することができない。それは障害児の子どもからも教わったし、専門職の先生たちからも教えられました。そういう点では私自身、どこかで自分がすべてやることがいいことだと思い込んでいるのかもしれない。だから、きつくて、つらくて、しかもすぐ効果の出ることを子どもたちに求めるから苦しくなる。

竹内　障害児学級とか、障害児教育をやると、教育という仕事を共同してやるということを本当に学んでいく。教育の仕事というのは協同労働だということを日本の教師はまだわかっていない。それと同時に、いくら協力してもできないものはあるということが集団的に確認されると、それが全体の課題になっていく。それを一人でやっていくから全部背負い込んでしまう。「やらなくてはいけない」というのと、「できる」という幻想の中で、どんどん苦しくなっていくということがあるんじゃないかな。

松前　そうですね。例えば一人の子をめぐって、医者は医者の立場で、これはできる、これはできないと言う。ただそれを束ねる人がいないと、みんなが谷間になってしまうので、スーパーバイザーではないけど、束ねる人が必要ですね。

竹内　束ねるのは学級担任がならないといけない。学級担任というのは一番下から学校全体を束ねる。一番上からみんなを束ねるのは校長でいいのだけれど、学級担任は一番下からすべての教師を束ねていく。そういう逆三角形のようのシステムが学校の中に定着していったらいい。まだまだそういった協力関係が学校の中にできていないと思うけど。

❃子どもと教師を敵対させるもの

竹内　話は元に戻るけど、子どもとつながるというのは、あるハプニングを通じてということが多いでしょう。ハプニングというか、思わぬことが起こって、相手が見える。

原田　そう、思わぬところから！　それではじめて「あ、出会えてなかったんだ、いままで…」と気づく。

竹内　出会えていないというより、出会い直しなんじゃないかな。出会い直しが何度できるかなんだよ。僕はそう思う。

井原　でも「出会ってなくてはいけない」と思ってしまうと、苦しくなってくるんじゃないですか。子どもの方にも都合とか、好き嫌いとかがあるでしょ。必ずしも担任を出会う相手として選ばないかもしれない。だいいち、きっかけがないと出会えませんよね。そういう条件がすべての子の間で整って出会うなんて奇跡でしょ！　出会うって、そんなにスイスイできるもんじゃないんだし。出会い損なうことだってあるのが当たり前だと思う。

竹内　「出会ってなくてはいけない」「子どもを可愛がらなくてはいけない」というヒューマニズムに溢れる教師になるとしんどい。そういう教師ほどつけ込まれる。今の子どもは「つけ込む教師」の見極めが早いような気がする。

高校の困難校の教師の話だけど、いまの生徒は一週間くらいで自分たちの力関係が全部わかるらしい。「こいつはオレより上だ」とか、「オレより下だ」とか。こういうことは小・中の先生はあまり意識してないことだと思うけど、初めて出会った連中が一週間くらいで位階序列を決めていくというのはすごいことだよね。それほど怖い社会になっている。教師も順番に並べられていたりして（笑）。

原田　最近、偶然読んだ小説に、乙一という作家の『死にぞこないの青』というのがあるんですよ。それは、新任の教師が子どもより下になりそうになる。そこで、その教師はそこから這い上がるために、子どもの中でこいつが一番下だというのを決める。そして、そのことを何度も何度もクラスの子たちに知らしめていくわけ。それでなんとか自分が浮上していくというストーリーなのね。読んでいて、ドキドキした。何でドキドキしたかというと、私の中にこういうものがあるんじゃないかという恐怖。とんでもない教師なんだけれど、そういう心理が自分にも全くないとはいえないいんじゃないかって。

井原　う〜ん、あらゆる教室がそうなのかもしれないね。

竹内　そうかもしれないね。教室の人間関係の間に権力的・暴力的なものが巣くっていて、親と教師、子どもと教師、子どもと子どもを切り離し、敵対させる。そのために、共に遊び、共に仕事をし、共に暮らすということさえできなくなっている。

それればかりか最近では、「心の教育」「心の相談」などにみられるように、問題を関係性から切り離し、もっぱら「心の問題」にし、それを自己反省的に引き受けるようにする動きがひろがっている。しかし、これでは「心の問題」も解決されることがないのではないか。「心の問題」はもともと関係性の問題なんですから。

〃つながる〃ということは、私たちの間を引き裂《さ》き、私たちを対立させているハードな力やソフトな力に抗して、相互応答的な関係性をつくりだし、異質なもの同士の共生の世界をつくりあげていくということであって、べったりといっしょになるということでも、心を問うことでもない。共に遊び、共に仕事をし、共に暮らすことができる〃平和〃な関係性をひろげていくことなのです。それがあってはじめて「共に学ぶ〃教育〃」というものが成立するのです。

ところで、ここまで子どもに拒否されたらどうしたらいいのか、子どもとつながるとはどういうことか、そのために何がいま教師に必要とされているかといったことについて話し合ってきましたが、最後に、これだけは言っておきたいということがありましたら、それを話してください。

＊失敗から得た私（たち）の教訓

松前　どうしても忘れたいのに、忘れられないことがあります。それは、学級崩壊のため編成替えをした六年生を持ったとき、六人の女子グループが「無視・うわさ・嘲笑」の三点セットで私に迫り、授業が成立しなくなってしまったことです。学校に行くのがつらくて、すごくきつかったんですが、でもどうして行けたか考えてみると、学年の先生と愚痴の言い合いができたことと、クラスの他の子どもたちが少しでも学校が楽しくなるようにと、実行委員を中心に「雨にも負けず仮装パーティー」なんていう行事を月一回、何とか実現できていたからかもしれません。

なんとか女子グループを解体したいと思っていたんだけど、泥沼伏態になりそうなので、方針を変えて「真っ当な友情とは何か」ということで、六人のグループ会をやって、事実は何かを互いにつき合わせようとしたんだけど、それがすごく大変でした。でも一年間やり続けると、少しずつ会話の中身や、問題としてあがってくることが違ってきたんです。結局、クラスを立て直そうとして子どもたちを変えようと、こちらが構えているときは溝が深まるだけでしたね。

でも、あるとき、同僚の一人に「その子たち、きっと何かを訴えているんだ。荒れや無視や嘲笑も何かのメッセージかも知れない。とげとげぶつかってくるのは、きっと彼女たちが『何とかしてよ！』ということを言ってもいい人かどうか試しているのかも…」と言われたんです。私自身はそんなことを考える余裕もないほどきつかったんで、「この人、私の苦しみをちっともわかっていない」と、正直ムカッとしたのですが、果たして指摘されたような視点でもう一回、子どもたちを見直してみると、なんか気が楽になって、それ以後、取り組みを拒否されてもあまりめげなくなりました。

実践は、良い意味での〝実験〟で、仮説を立て、繰り返し試行錯誤を続けるんだと心に決めたら、私の場合、気持ちが安定してきました。先ほど、竹内先生が「胸を貸すという気持ちがあった方が子どもとの距離がとれる」という話をされましたが、いまの学級は別の意味でまた大変で、そのことをすっかり忘れていました。ゆとりがないときにこそ、「胸を貸す」ということが大切なんですね。あんなに苦労して学んだのに、大事なことを忘れていたことに、いま気づきました。

金谷　自分の場合、「拒否」されることよりも、子どもとの距離が近くなりすぎてしまって、知らない間に子どもを傷つけてしまっていたという失敗がないように気をつけています。子どもとつながるとは、仲良くなることではなくて、適当な距離を保ちつつ、安心感と信頼を得ることだと考えています。

井原　私も拒否された体験があります。20年近く前、初めて転勤してすぐ三年の担任になったとき、ハリキリすぎて、班会議とかを押しつけて大熱血したため、子どもたちの方がひいちゃったんです。自分たちのやり方を無視する〝やなババア〟だと思ったんでしょうね。みんなそっぽ向いちゃって誰も何も相談してくれなくなった。それなのに事件続発で、自閉症児へのイジメとか、教室の壁に火をつけちゃうとか、不登校生もいて、泣きそうな日々でした。個人的にも父が急死したりいろいろあって、もうダメ！というとき、同僚に助けてもらったんです。私には口もきかない子たちに迫ってくれたんです。

自分が何とかするんだ、何とかしなくちゃいけない、でないと面子《めんつ》がつぶれる、みたいに思わないことだと思います。だって、そんなことできないんだから。周りの人に支えられてボツボツやるしかない。いかに助けてもらうかだと思います。私も支える側にまわりたいなって思っているんですけど、つい、でしゃばっちゃう。でも、できるだけそっとフォローしているつもりです。

原田　子どもに拒否されたとき、この子が拒絶しているものは何だろう、と考えるようにしています。大人なのか、学校なのか、社会全体なのか、それとも私なのか。漠然としていたり、重層的であったりすることが多いんだけど。でも、とにかく拒絶している、その事実から私は何を発見できるか――そう考えると、「拒絶する子」に出会うこともそう悪いことじゃない。私だってすべてを受け入れているわけじゃないですし。その子と、周りのすべての人たちとそれを読み開いていく過程で、共に発見していくことを楽しみたいし、それが私にとっての大切な「学びの場」だと思っています。

遊びのヒント

こんなとき、こんな遊びを！

アップ　ダウン　キャッチ

――人にふれることが苦手な子には

「アップ　ダウン　キャッチ」は、場所を選ばず遊べる簡単な遊びです。授業のはじめに席に着いたままでもできますし、広い場所でほかの遊びといっしょにしたりします。また、子どもだけでなく保護者会などで、保護者の緊張をほぐすのにも最適です。

人にふれることが苦手な子は、「さあ、手をつないでごらん」と言っても、なかなかつなぐことができません。仮りにつないでも力弱く、手をそえる程度です。そんなときには、まず人にふれるという経験を十分に行い、そのうえでさらに濃密にふれあう遊びに発展させていくと、人にふれることが苦手な子も手をつなぐことができ、楽しく遊べるようになります。

四年生のさとみさんは、それまで誰も声を聞いたことがないという女の子でした。表情もなく、人にふれることも苦手で、「人間知恵の輪」など、手をしっかりつながなければいけない遊びにも、手をつなぐことができずに、遊び自体なかなか成立できませんでした。

そんなさとみさんが笑顔を見せていた遊びが、この「アップ　ダウン　キャッチ」でした。手をつなぐわけではないので、本人にとって抵抗感があまりありません。また、仮りに積極的に隣の人の指をつかもうとしなくても、自分の指はしっかり隣の人からつかまれる。

さらに「アップ」「ダウン」のかけ声による緊張感もあって、「キャッチ!」と言ったときには歓声が上がります。その歓声の中で笑顔を見せたさとみさん。そんな遊びの繰り返しの中で、少しずつからだもほぐれ、他の遊びへつなげることができました。

都　真人
（宮崎・小学校教諭／仮名）

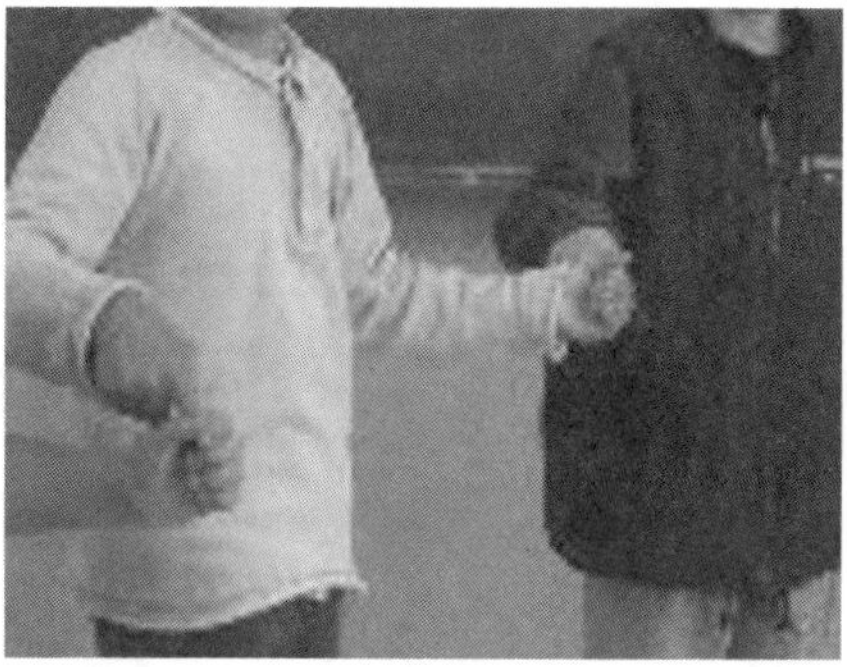

［準備］
①円をつくります。
②内側を向き、左手で筒をつくります。
③隣のメンバーがつくった筒に、右手の人差し指を上から入れます。

〔遊び方〕リーダーが「アップ」と言うと、右手の人差し指を筒から抜きます。「ダウン」と言うと、人差し指を隣のメンバーの筒に入れます。リーダーは「アップ！」「ダウン！」「アップ！」「ダウン！」とテンポよく繰り返します。リーダーが「キャッチ！」と言った瞬間、メンバーは左手の筒をすぼめ、同時に右手の指を筒から抜きます。右手の指は筒につかまらないように逃げ、左手は相手の指をキャッチ、いかにキャッチされないように指を抜くことができるかを楽しむ遊びです。

だるま合戦で体をぶつけ合う

新しく着任した学校は、毎年のように高学年で指導不成立となっていて、新5年生の担任を誰も希望していなかったくらいである。その5年生を担任することになった。子どもたちの間ではささいなことでのいさかいや、からかいが絶えず、暴言・暴力は日常茶飯事だった。

クラスに明るいトーンを生み出そうとして、まずやってみたのが、ジャンケンゲームなどの集団ゲームだった。ものめずらしさからか、楽しんでやっていたが、エネルギーあふれる子どもたちにはやや物足りなさそうだった。もっと体を動かして、子どもたち同士が関われる遊びが必要だと思った。

そこで取り入れたのが「だるま合戦」だった。子どもたちは、最初は、「えー！　そんなの格好悪いー！」と言っていたが、一回試しにやってみると、相手と思い切り身体をぶつけられることもあって、「先生、これけっこう面白いな」と乗ってきた。

この遊びは、身体の大きい子が必ず勝つとは限らないうえに、意外な子が勝つので女の子たちも楽しんでやるようになってきた。おとなしい子やふだん関わりのなかった子同士でも、遊びの中だからこそ当然のように身体をぶつけ合った。

楽しさがわかってきたところで、班対抗トーナメントをした。こうすると、男女も否応なく混ざり合って対戦したり、リーダーを中心に作戦を立てるようになった。

だるま合戦が終わったあとは、「先生、もう一回やろう！」と誰かが必ず言うほど、子どもたちはこの遊びに熱中した。

細田　俊史
（京都・小学校教諭）

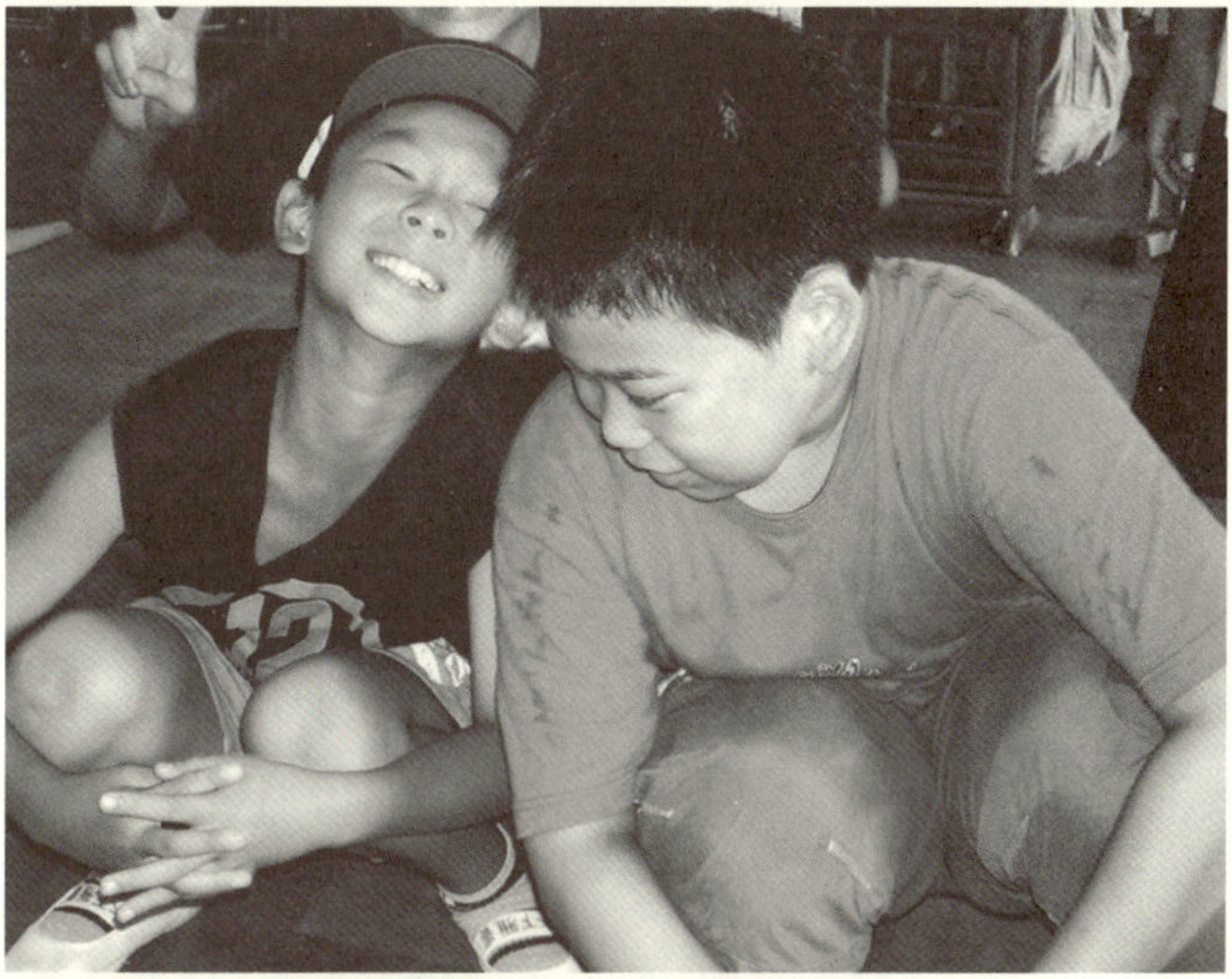

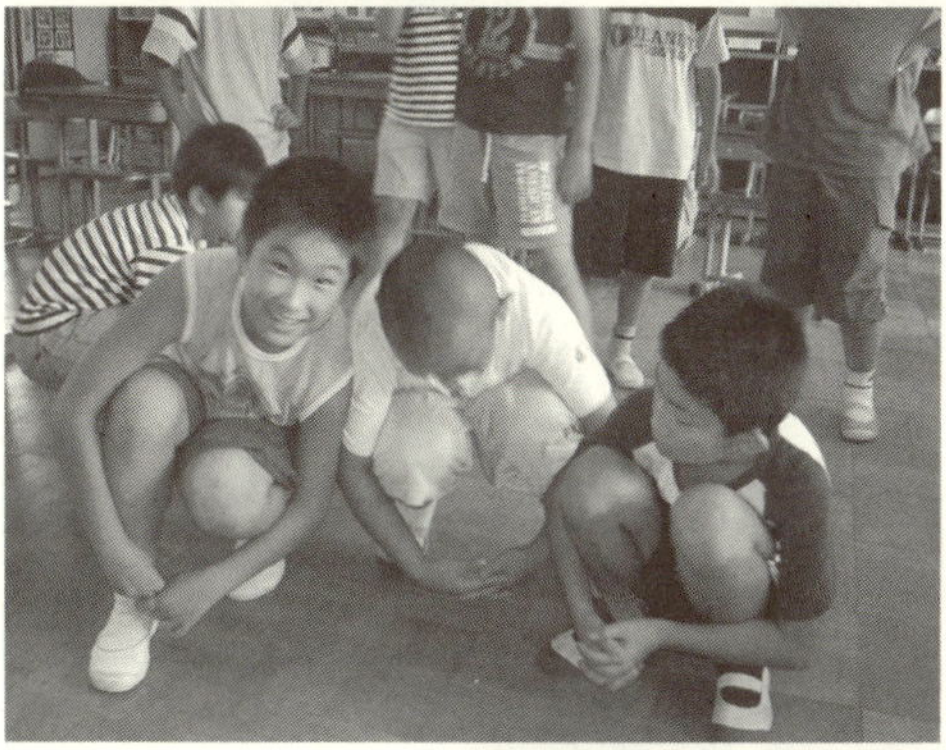

◀しゃがんで両膝を両腕で抱え、移動しながら相手と体をぶつけ合う。相手が倒れたり、床に手をついたりしたら勝ちになる。ぶつかり合うときは、頭や膝を使わず体の側面を使う。

へびおに

高学年の学級がスタートして、まだ固い雰囲気の中でもできる遊びとしてはイチオシです。

私がやってみた経験では、「誰かオニになってくれない?」と声をかけると、クラスの中でもひょうきんな子がオニに立候補してきました。この子が最初からゲームの流れをつくってくれました。これで盛り上がるという予感がしました。

それでなくても気持ちが悪いものの代名詞になっているへビが出てきて、教室中が原始の世界にタイムスリップしたようです。声をあげながら這って追いかけるオニと、逃げ回る子どもたちの悲鳴とで教室全体がパニック状態になりました。

このとき、私が注目していたのは、とくに口数の少ないおとなしい子どもたちでした。見ていますと、この状態ではさすがに黙って逃げることなどできません。いや、ほかの子どもたち以上に大きな声を上げて逃げ回っていました。そして、タッチされると、夢中になってまだ残っている子どもたちを追いかけていったのです。

また、クラスの中にはほかにも、あの人は苦手と距離を置いている子もいましたが、次々とヘビが増えて「キャーキャー、キーキー」やっている中ではそんなことを言ってはいられないのでしょう。いっしょに大きな声をあげているうちにゲームに巻き込まれていくようでした。オニは床を這っていきますので、ほとんど逃げ回る子どもたちの足しか見えないのもいいのかもしれません。

このごろの子どもたちは身体と身体を触れ合わせて遊ぶ遊びをしなくなりました。でも、遊びは身体が触れ合ってこそ、安心が生まれ、交信できる関係になっていくと思います。

この遊びは、まさに触れ合うことを楽しむ遊びなのです。

瓜屋　譲
(北海道・小学校教諭)

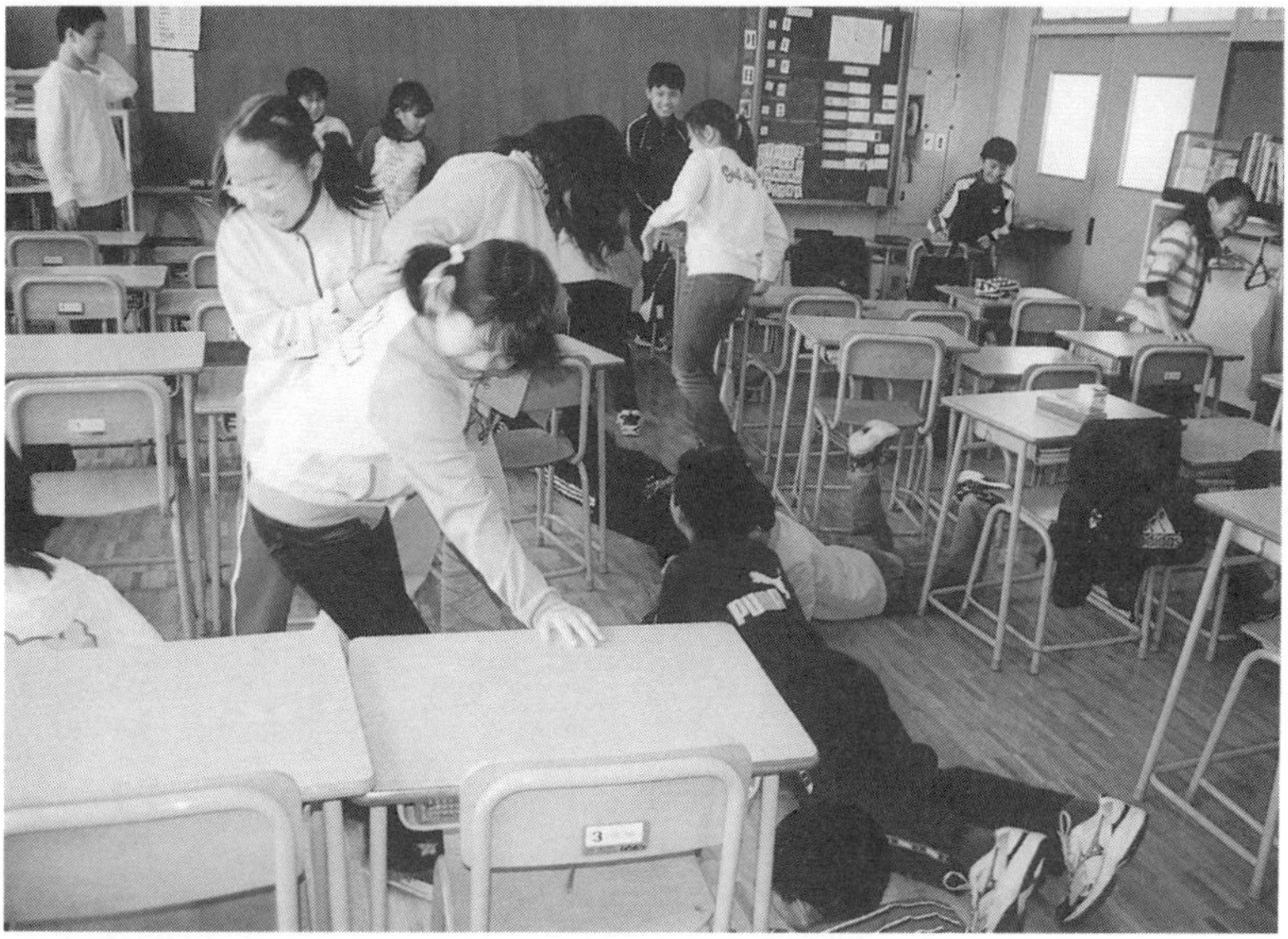

▲這って追いかけてくるへびが気持ち悪いので、逃げる方がつい「キャーキャー」叫んでしまうので、自然に教室中がパニック状態になって盛り上がります。人数が多い時には、はじめからオニを多くしてやるといいと思います。

〔遊び方〕はじめにオニを決めます。オニが決まったら、オニは手足を伸ばしてうつぶせになります。他の人たちは、オニの周りに集まって、オニの身体のどこかに指でタッチします。そして、口々に「へび、へび起きろ！　へび、へび起きろ！」と声をかけます。そのうちにへびが「起こしたのは誰だー！」と叫んで追いかけ始めます。同時に他の人たちは指を放して逃げ出します。このとき、逃げる方は普通に立って走っていいのですが、追いかけるへびは、這うか転がるかしかできません 。そして、オニにタッチされた人はへびになって、同じように這ったり転がったりして追いかけます。だんだんへびが増えて、最後に全員がへびになったらおしまいです。

17人の子どもとログハウス

4年生17人を担任した。全体に幼児性が強い子どもたちで、和男や巧のちょっかいに舞子や隆男がすぐに泣き出す。この泣き方が半端ではなかった。学校中に聞こえるような泣き声で、しかもなかなか泣き止まないのだ。こんなことが3年生まで延々と続いていた。

このクラスを担任した私は、とにかく楽しい教室づくりに腐心した。子どもたちをたくさんほめた。正しい指導にしたがって努力すれば、成長できるのだという自分に目覚めさせていった。舞子や隆男の泣き声も消えていった。

6年生になった。「ログハウス建設」活動を提起した。この活動のねらいは、子どもたちのやりたい「ダイナミックで楽しい活動」と、私の願う「集団で育つ場づくり」がクロスするところで生まれた活動である。ログ(丸太)は、間伐材をもらった。この活動のリーダーは宏となった。

宏は、クラスで体が一番大きくテレビの話題なども豊富で、男子からは一目置かれているし、女子にはやさしかった。また、宏の父親は大工さんでログハウスづくりのスーパーバイザーとなっていただいた。宏は「親方」と呼ばれ、資金計画の「大蔵大臣」も決めて推進した。この活動の中で、すったもんだもありながら「ログハウス完成」という共通の目標に向かって、意見の刷り合わせをしながら進んでいった。

作り方は、太いログから順に積み重ねていく。ログを重ねてすくところを子どもたちがチョークで印をする。私がチェーンソーで削る。ドリルで穴をあけ鉄筋でつなぐ。この繰り返しである。

だんだん壁が高くなっていくのが目に見える。舞子や貴司も、自分のできることを見つけてこつこつ働いていた。卒業式前の一夜、完成した小屋の中で将来の夢を語り合った。

清水　智
(長野・小学校教諭)

小屋をつくる

ダンボールでつくる

※ダンボールカッターで切断
クラフトテープで接着する

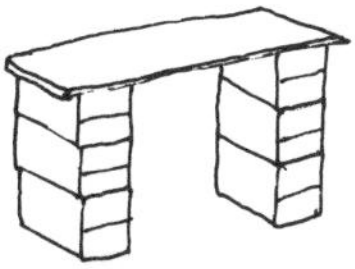

箱を積んで作ると簡単で丈夫だが場所をとるのが弱点

要所に模造紙の箱を利用すると重宝

ダンボールを板にして作るのは工夫しないとつぶれやすいが、広く作ることができる。

竹でつくる

竹は太い割に中が空洞なので切りやすい。竹用ののこぎりで切るのが望ましい。

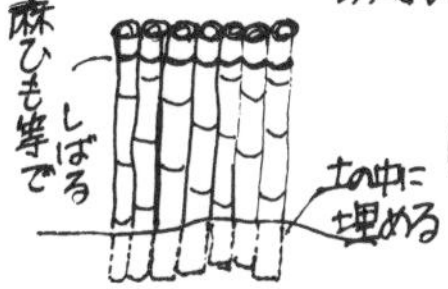
丸いまま使う

端だけ割ってはさみこむこともできる

木の枝で作る

最も基本的で応用のきく方法

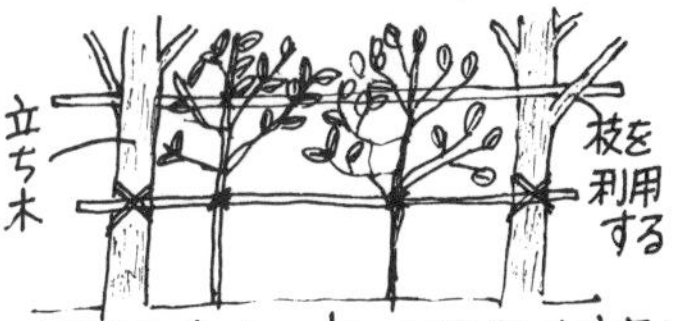

ヌルデやウルシの木にはくれぐれも注意!

丸太でつくる

丸太(ログ)を入手するのが大変。

不用な間伐材をもらうのが理想的。

工事現場で山積みにしてあるのをもらうのもひとつ。皮をむいてしばらく干すのがベスト。

新しい木はすぐむける。

本格的なログハウスを作るのは子どもたちには大変なので、簡略な方法を工夫することが必要。

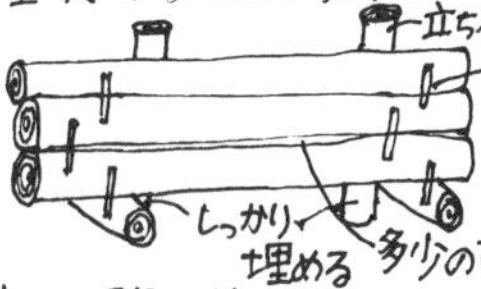
立ち柱
丸太にドリルで穴をあけて鉄筋でジョイントして積んでいく
多少のすきまは覚悟

竪穴住居をつくる

どの程度本格的なものを作るかは、条件とやる気次第
特に最終仕上げの茅葺きの方法は、かなりのレベル差がある。

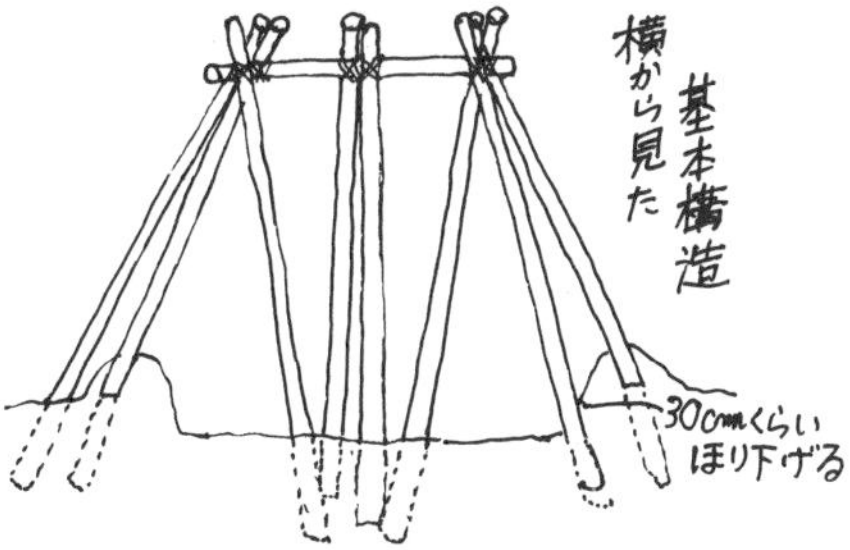

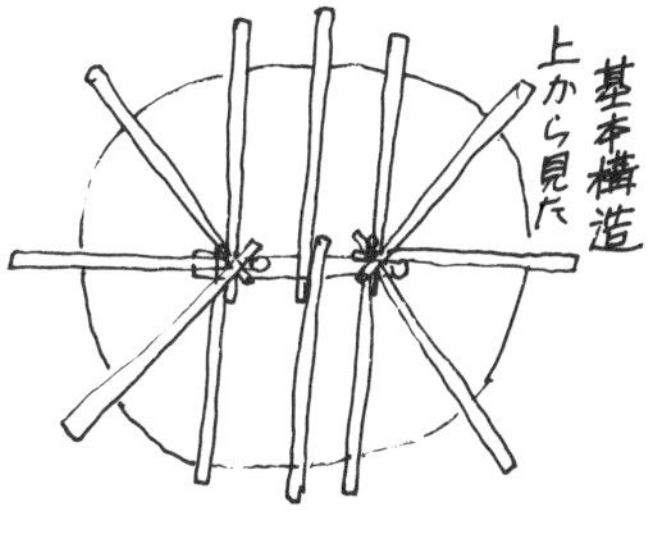

牛乳パックでツリー

「ツリーを作ろう」と言ってきたのはサトシだった。私の学級は障害児学級。人との交わりの面で困難さを抱えるＡＤＨＤのサトシとダイナ、高機能自閉症のタケシの三人の学級である。彼らと子どもたちの交わりをつくりたい。しかも彼らが主役の。そんな思いを持ち続けて実践を進めていた。この年は牛乳パックでダイナの好きな恐竜を作ったり、タケシの発案でプール遊びをもっと楽しもうと、ボートを作ってきていた。

12月が近づき、サトシはツリーを作りたくなった。ツリー作りと交わりをつなげたいと思った。

「大きなツリーを作ろうとすると、二百本ぐらい牛乳パックがいるよ。どうするの？」

はじめは「僕の家にある」と言っていたサトシも無理だとわかり、学級の友だちに協力してもらうということで一致した。さっそく材料集めのチラシ作り。完成したチラシを持って学級のみんなに配ったり呼びかけたりした。

材料が集まったところで製作開始。作り方は簡単で、1、ガムテープをのばし、その上に丁寧に牛乳パック並べていく（写真①）。私の場合は1段目を20本から始めた。2、次に、底でつながったパックを倒し、きれいに輪になるように形を整えてつないでいく（写真②と③）。同じ作業を2本ずつ減らしながら続け（写真④）、3、できた輪を順に重ねて接点を木工ボンドで接着。2本ずつ減らしながら輪を作り重ねていくが、6本ぐらいからは本数を減らさずに、パックを少しずつ短くしてつないでいくときれいにできる。4、最後は1本を立てて完成（写真⑤）。このあと、楽しい色塗りと、飾り付けです。

材料を持ってきてくれた友だちに「ありがとう」とお礼を言ったり、飾り作りを楽しんだり、サトシたちも大満足のツリー作りでした。

猪野　善弘
（大分・小学校教諭）

①ガムテープの上に並べる。

②輪になるようにつなげる。

③これで１段分。

④２本ずつ減らしながら作業。

⑤完成したツリー。一番下にはダンボールで円を作り、貼っておくと安定したツリーができる。色塗りも思いっきり塗ることを楽しませたい。

⑥飾り付けをしたツリー。毎月飾りを変えてみるのも楽しい。春には桜が咲いたり、５月には鯉のぼりが泳いだり、夏には星でいっぱいになったりと。

幼稚園生と遊ぼう

5年生の実践です。遊びといっても「幼稚園生といっしょに遊ぼう!」というテーマで、幼稚園に出向いて、グループごとにおもちゃやゲームを作って、いっしょに遊ぶというものです。

なぜか、おもちゃを作っているときがもりあがります。遊ばせるために作るというよりも、自分たちが遊ぶために作ってるみたいで。

おもちゃだけでなく、賞品やおまけなんかも作って。もちろん、幼稚園生も大喜びです。8時間扱いで、「新聞プール」や「ペットボトルロケット」「魚釣りゲーム」「的当て」「パズル」などができました。

日頃同じクラスの子とはなかなか遊ばない(?)遊べない(?)子が、幼稚園児におんぶや肩車をせがまれて、苦笑いをしながら、でも、まんざらでもない表情で遊んでいる姿を見て、いいなあって感じましたし、その子の周りにクラスメイトが近寄って、いっしょに遊んでいる光景もほほえましいものです。

それがきっかけになったのか、そのグループは、実践後も休み時間に、ダンボールや厚紙を使って、おもちゃを作って遊んでいます。

その5年生たちが6年生になり、一方、幼稚園児たちが新1年生として入学してきます。

もう双方顔見知りで、入学式や1年生を迎える会、給食や掃除の手伝いなど、スムーズに入っていけました。6年生の教室まで1年生が遊びに来るという感じです。

「幼稚園生を楽しませるのも大変だねー」という5年生の感想でした。

本山　陽一朗
(沖縄・小学校教諭)

▲ダンボールで作った「新聞プール」で遊ぶ園児たち。

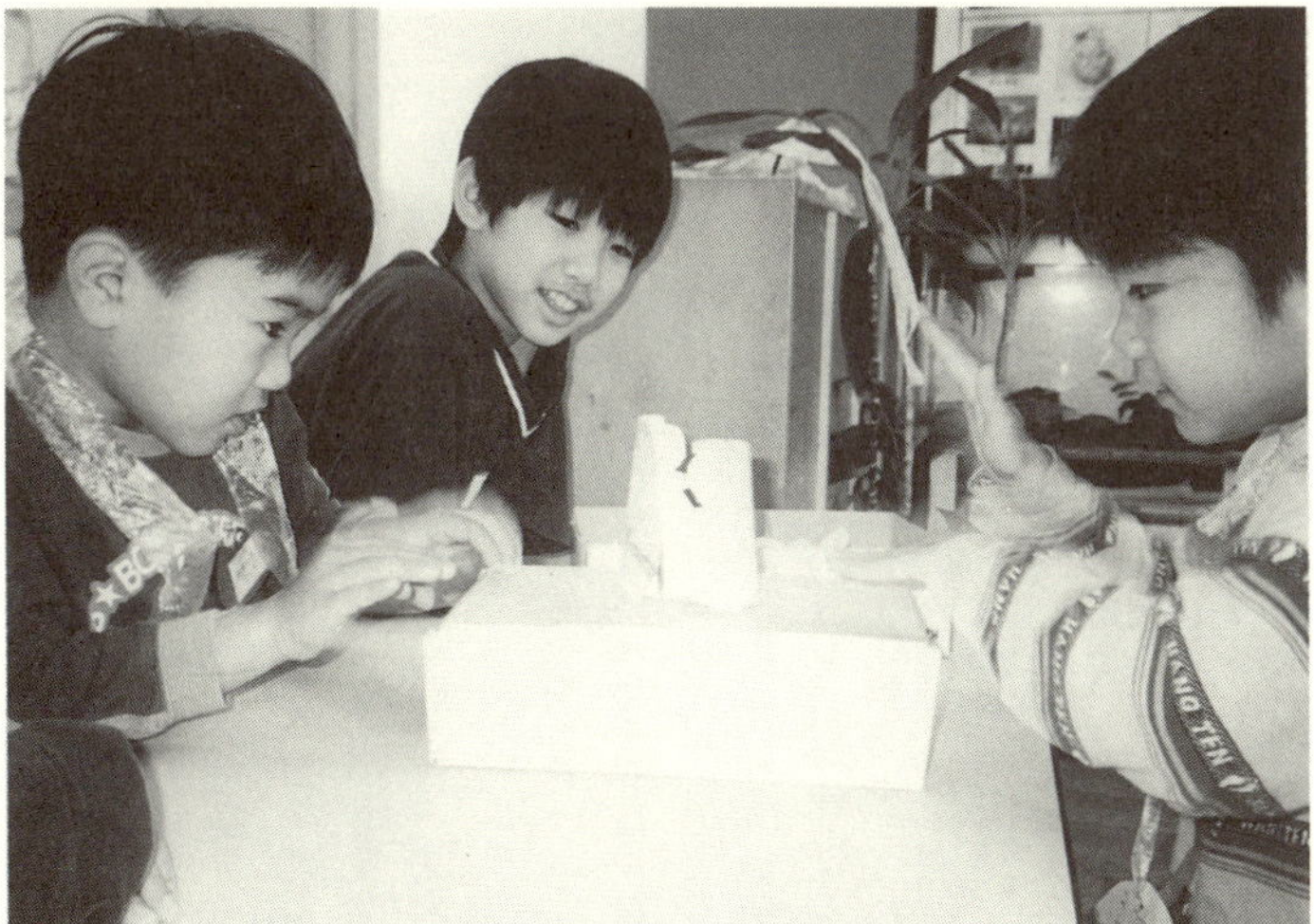
▲手作りの紙ずもうで真剣勝負！

池をつくろう！

校舎建て替えのため、プレハブ校舎の生活が始まり、息抜きがほしいなと、あれこれ考えた。旧校舎には昇降口の脇にカエルの来る池があった。「あの池をつくろう。そして、カエルが出てきたらそこへ連れていこう」

この考えをクラスの数人に話すと、「それいい、面白そう」と乗ってきた。

池の候補地は、ロの字形になったプレハブ校舎の中庭。ここだと教室からもよく見える。計画は、私の担任する中学1年のおとなしい子と、昨年副担をした2年生の数人に話をした。いろいろな面で協力が必要なので、事務長さんにも話をして、技術的・金銭的な相談にも乗ってもらった。管理職の許可を得て、放課後、作業に入る。

クラスや学年、2年の一部に前日から声をかけておいた。はじめに声をかけた1年生のおとなしい女子をはじめ、元気な男子も入って10人くらいで掘り始めることになった。

ふだん接点のないおとなしい女子や、クラスの子と会話のない転校生、一人でいる男子の子が、部活をやっている子たちと、わいわいとにぎやかに一つの穴を掘っている。それぞれが穴掘り、土の掘り出し、土運びなど、子どもたちが考えて分担をして働いていた。足りないものや、必要なことを、それぞれ言い合って進めていった。20人近くで、何日か作業が続いた。

穴掘りが大方終わると、部活をやっている元気な子たちはもっと掘りたがり、残念そうだった。底をならし、ブロックを並べる作業は、おとなしい子たちや転校生との、のんびりとした静かな語らいの時となった。クラスのこと、勉強のこと、ほのぼのと、話しながら取り組んだ。

守屋　裕次
（東京・中学校教諭）

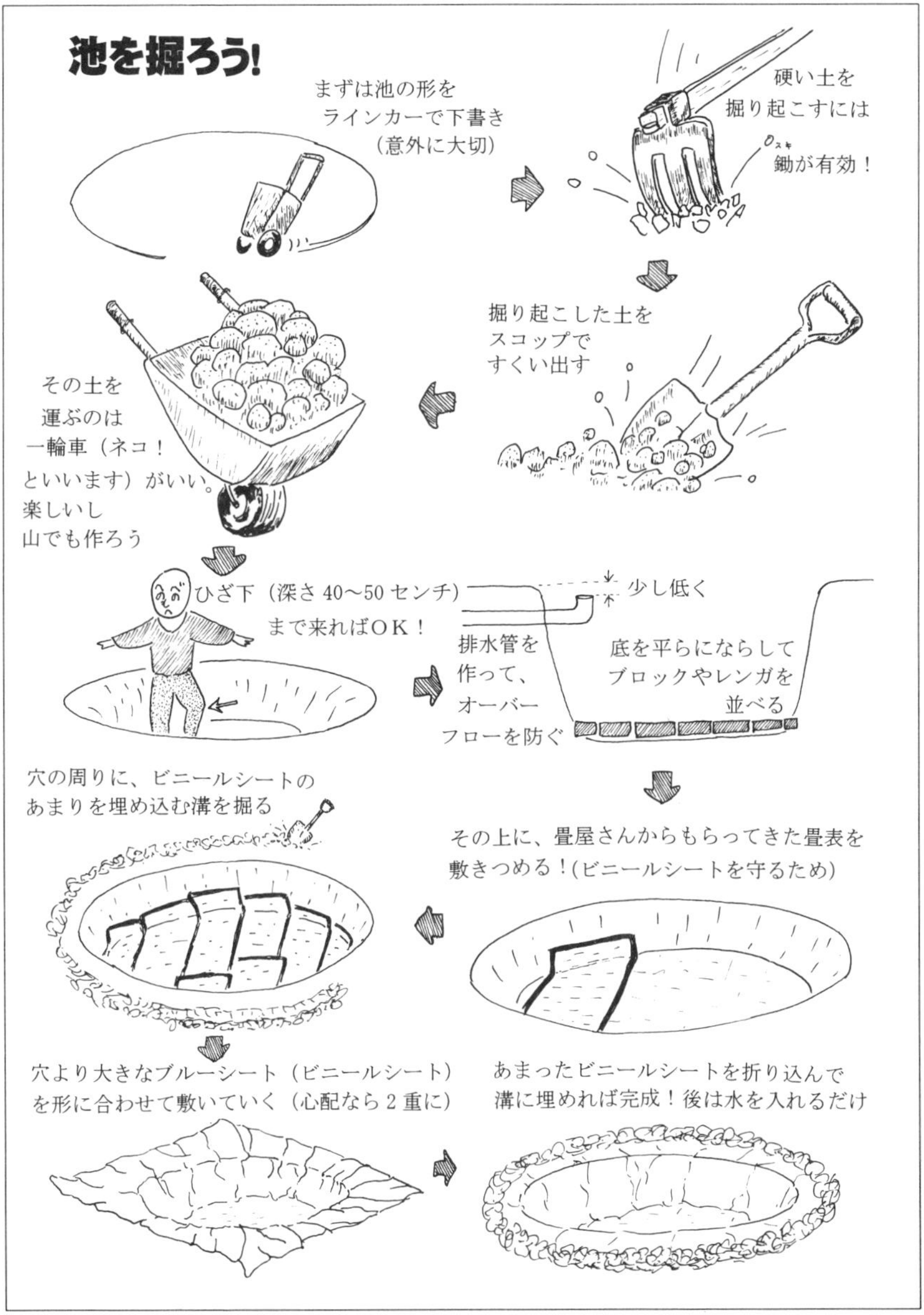
池を掘ろう!
まずは池の形を
ラインカーで下書き
(意外に大切)
硬い土を
掘り起こすには
鍬《スキ》が有効!
掘り起こした土を
スコップで
すくい出す
その土を
運ぶのは
一輪車(ネコ!
といいます)がいい。
楽しいし
山でも作ろう
ひざ下(深さ40〜50センチ)
まで来ればOK!
少し低く
排水管を
作って、
オーバー
フローを防ぐ
底を平らにならして
ブロックやレンガを
並べる
その上に、畳屋さんからもらってきた畳表を
敷きつめる!(ビニールシートを守るため)
穴の周りに、ビニールシートの
あまりを埋め込む溝を掘る
穴より大きなブルーシート(ビニールシート)
を形に合わせて敷いていく(心配なら2重に)
あまったビニールシートを折り込んで
溝に埋めれば完成!後は水を入れるだけ

絵手紙の魅力

授業で俳句を扱ったときのことです。一通りの学習をすませた後、全員で俳句をつくりました。そして「その俳句を筆で書いて、それから絵をつけるよ。絵手紙っていうんだよ」と、私は言いました。

するとどうでしょう。子どもたちからは嵐のようなブーイングが返ってきました。

「やめて！」「ふざけんな」「国語とかんけーないじゃん」等々。そのブーイングの中、私は次のように言いました。

「ただし、条件がある。上手な絵、上手な字ではいけない！」

一瞬の沈黙がありました。子どもたちは、「この教師、理解できない」とでもいうような目で私を見ていました。

「ほんとに下手な絵でいいの？」

と言いながら、子どもたちは絵手紙を完成させていきました。終わってから、意外にもみんな「楽しかった」「またやろう」などと感想を言い始めるので、

「みんな、あんなにいやだって言っていたのに、何で楽しかったんだろう？」

私はそう水を向けてみました。

「先生、わかった！」

そう言ったのは、坂井さんです。

「それは、硬筆と勝手さ。みんなお手本の真似してうまく書こうとするでしょう。だから、うまい、下手が出るけど、これにはうまい、下手がないんだよ。だからだよ」

「オー！」

という賛同の声が上がりました。絵手紙の魅力とはこういうことだったのです。

高原　史朗
（埼玉・中学校教諭）

授業中ねて
しまっては
ダメ
なのか
濱

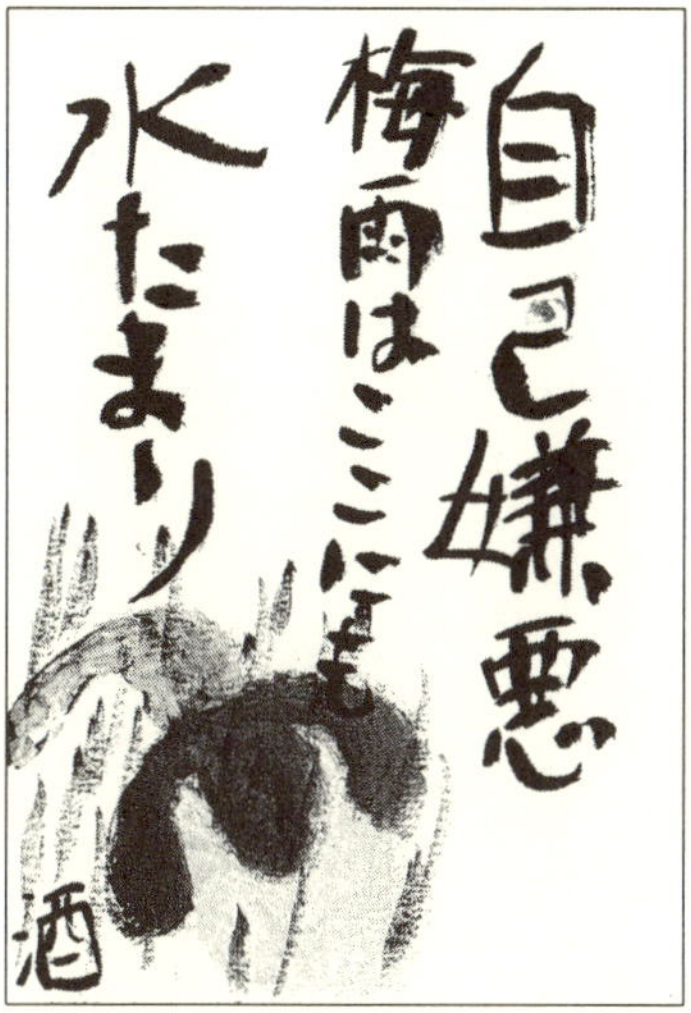
自己嫌悪
梅雨はここにも
水たまり
酒

友ほどに
可愛いくないが
髪を切る
明日を思い
足早になる

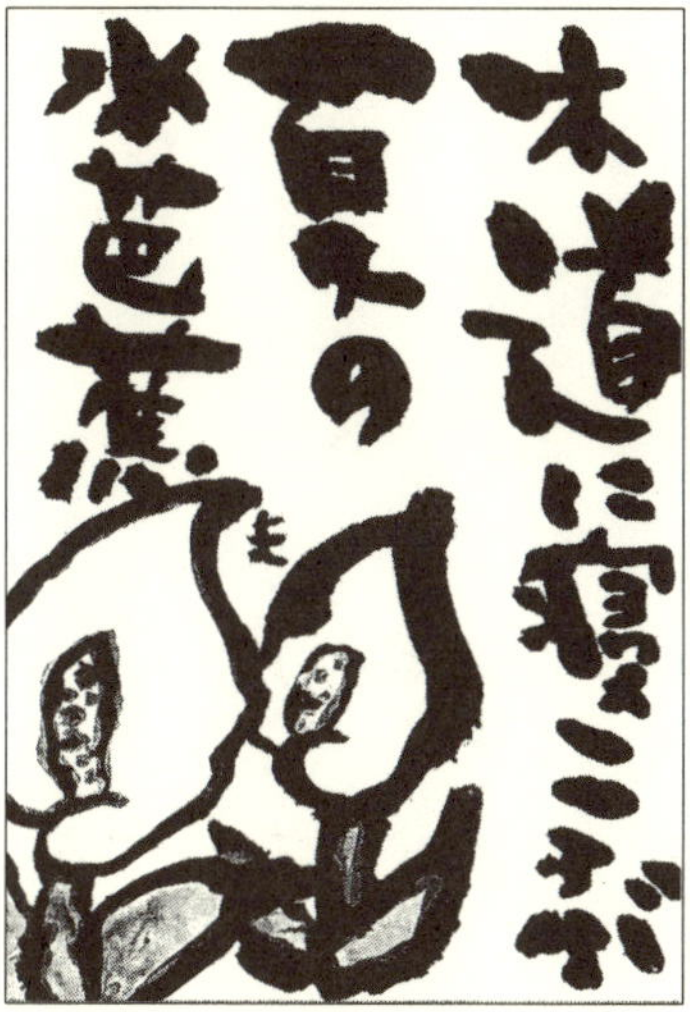
木道に寝こが
巨大の
水芭蕉も

きょうだい学級で「けやきっ子祭り」

児童会役員選挙の是非をめぐっての議論の中で、「学年が違うと、顔も名前もわからない。人気投票になってしまうから反対だ」という意見が出され、この意見から、私たちの学校の課題は「タテのつながりが弱い。異学年交流を意図的に計画しよう」ということになり、そのひとつとして児童会行事の「けやきっ子祭り」も計画された。

これは、児童会役員会が総会・代表委員会に提案して取り組む全員参加の活動で、時数を3時間とって毎年11月に行われるカーニバルである。きょうだい学級ごとに遊びの店を出し、前半後半に分かれて、半数ずつその遊びの店を数人のグループでまわって遊ぶ。

この遊びの店は、企画から準備、当日の役割分担まできょうだい学級で話し合ったり、協力して取り組む。保護者にも招待状を出し、多くの方が参加する。一人ひとりがポケットサイズの「けやきっ子祭りパスポート」を持って、喜々として遊びまわる。

当日、店の名前のプラカードを持って、必死に客の呼び込みをする子ども。パスポートにはんこを押す子ども。遊びの説明をする子ども。実際に遊びをさせている子ども。記録を書き込んでいる子ども。賞品をあげている子ども。そんな中を、お目当ての出店からまわる。

相談室登校の子どもたちも参加する。自分のきょうだい学級のグループに入ってまわる子、相談室登校グループでまわる子、どちらも楽しそうである。1年から6年までいっしょになって学校の中をおもいっきり遊びまわり、その日の学校は活気に満ちた遊びの館に変身する。遊んでいる子も遊ばせている子も、どの子の顔も輝いている。

ある年の遊びの店は、劇「どんぐり」「ゲームたっぷりわんらーらんど」（ヒットペット、釣り、空き缶積み、的あて）「ゲームパークイベント4」（ビックパズル、ストラックアウト、落ちるな、風船）

▲「幽霊屋敷」。１年と６年のきょうだい学級での取り組み。

「悩んでこたえよキッズアドベンチャー」「リング」（お化け屋敷）「ボーリング＆ダーツ」「きょうだい痛快もぐらたたき」「大根抜きの館」の八つであった。そんな1日を子どもたちは、

「出店をまわるときも楽しいけど、仕事をしているときも楽しかった」

「全部の出店をまわることができなかった。もっと遊ぶ時間を増やしてほしい」

この二つの声が、終わったあとの大多数の子どもたちの声だった。

▶30秒間で何個積めるか競う「空き缶積み」

植松　保信
（山形・小学校教諭）

次ページに写真紹介

▲「大根抜きの館」。大根になった子どもをお客が引っ張って、みごと引っ張られたら得点。

▲「釣り」。低学年の釣る魚は点数がついていて、千点のうち何点かを競う。高学年は個数で競う。

▼「的あて」。１つ目はあなたの今日の運勢、もう１つは心理ゲームができる的。最後に射的風的。

第Ⅳ章

≫実践≪

子どもと遊ぶ・子どもをつなぐ

実践❶

あの竜太が立ち会い演説会で熱く訴えた

――私は、竜太のことが少しだけわかったような気がした。それは、体を通して遊ぶことが苦手な竜太が、自分の存在を認められるのは、みんなが期待しているトラブルを生じさせたときだけ、ということである。だから、竜太は孤立から自分を救うため、トラブルを生じさせているのである。（本文より）

志賀　廣夫（埼玉・小学校教諭）

❀渥美清に似た男の子

竜太が歩くと、必ずなにかが起こる。休み時間終了のチャイムが鳴ると同時に低学年の子どもが泣きながら、四年二組の教室にやってきた。そして私に、「四角い顔で目が細い人が唾をかけた」と訴えた。すぐに竜太だとわかった。そこで、教室に戻ってきた竜太に事情を聞いてみた。すると、低学年の子どもに唾をかけたことは認めたが、自分は絶対に悪くないと言いはった。

こんなこともあった。それは、給食の後に残った牛乳パックを集めて、三階の教室の窓から下を通る地域の人めがけて投げつけたことである。このときは、牛乳の臭いを頭からプンプンとにおわせた何人かが、「渥美清に似た子どもを出せ！」と、校長室に怒鳴り込んできたことから、学校中が大騒ぎになってしまった。そのときも、竜太は牛乳パックを投げつけた事実を認めながらも謝ろうとはしなかった。

「あいつは変な子どもだよ」

「素直な面がひとかけらもない子どもだ」

と言われた。そして、自然のなりゆきのまま、全校の嫌われ者になっていった。

しかし、私はみんなから孤立化し、どんどん嫌われていく竜太に興味をもった。そして、吸い付けられるように、竜太の生活行動を細かく観察するようになっていった。すると、意外なことを発見できるようになった。そのひとつが、体を動かして遊んだり、みんなと活動することが苦手だということである。そのため、休み時間は一人で机に向かってノートに落書きをしているか、ブラブラと寂しそうに教室の中を歩いていることが多くあった。

ふたつめは、竜太がトラブルを生じさせることを期待している子どもたちが、多くいることである。その子たちは、竜太がトラブルを起こすと、周りに集まって楽しそうに様子を見ているのである。そして、教師が介入して竜太の行動を批判すると、子どもたちは喜びはしゃいでいるのである。私には、そのことがとても不思議に思えた　そこで、竜太を呼んで話を聞いてみた。

「竜太君が先生に怒られたりしていると、クラスのみんなが喜んでいるんだけど、知っている？」

　すると、竜太は笑顔で、

「うん、知っているよ。俺の方、見ながらみんなが喜んでくれるんだ。そのとき、俺って、すごく安心するんだ」

　私はこの言葉を聞いて、竜太のことが少しだけわかったような気がした。それは、体を通して遊ぶことが苦手な竜太が、自分の存在を認められるのは、みんなが期待しているトラブルを生じさせたときだけ、ということである。だから、竜太は孤立から自分を救うため、トラブルを生じさせているのである。そんな竜太に、「君が悪い。謝んなさい」と強制しても、素直に従うはずはないと思った。私は、竜太の否定的な行動から、

・みんなと遊べる自分になりたい
・集団に支えられ、集団を支える自分になりたい

という要求の声を聞きとった。そして閉塞《へいそく》的生活から解放されたいと願う多くの子ども

たちの声も聞こえてきた。

❀田代くんのお別れ会での衝突

学級のリクリエーションを担当するディズニーランド係に竜太たちの班がなった。方針は掲げたものの、なかなか活動はできないままの状態がしばらく続いた。しかし、六月に田代が福岡県に転校することになったので、「お別れ会」をすることになった。それでもなかなか活動しない竜太たちの班に「お別れ会をしたい」という声がどんどんと高まっていった。そして、どうしても無視できない状況までおいやられて、やっと活動を始めた。

重たい腰をあげての活動であったが、模造紙に書かれた提案内容は具体的であり、子どもたちはすんなりと決めた。そのことがとても嬉しかったのか、竜太たちディズニーランド係はどんどん元気が出てきた。

当日、初めのセレモニーとして「爆弾ゲーム」をした。このゲームは、音楽を流しながら、爆弾に見立てたボールを子どもたちの間に回していくものである。そして、音楽が終わるときに爆弾（ボール）を持っていた子どもがアウトになるゲームである。

初め、子どもたちは楽しそうに爆弾を回していた。もちろん、誰もが自分のところで音楽がストップするとは思っていない。偶然であったが、ストップ係の竜太が音楽を止めた

とき、健一郎が爆弾を持っていた。この学級で健一郎は竜太と勢力を二分するトラブルメーカーである。その健一郎が、

「俺、知らない」

と言って爆弾を教室の隅の方に投げてしまった　多くの子どもたちは、

「健一郎　ずるい」

と叫んだ。しかし、

「うるせえ。てめえら、俺に文句があるかよ」

と健一郎が凄むと、みんなは黙ってしまった。しばらく沈黙した時間が過ぎた。そのとき、竜太が、

「健一郎のやり方おかしいよ。これじゃ折角のお別れ会もだいなしだよ。みんなのこと考えてよ」

と、健一郎を批判した。カッと血が頭にのぼったのか、健一郎は、

「てめえだけには言われたくないね。竜太のほうがもっと勝手なことをして、みんなをシラけさせているじゃん」

と大声で怒鳴った。ここまで学級の仲間に言われたことのなかった竜太は、四角い顔の中にある細い目をさらに吊り上げて、口を尖《とが》らせてむくれてしまった。

その後、田代のお別れ会は盛り上がらず、時間だけが刻々と過ぎていき、田代は悲しい顔をして学級を去っていった。その様子を見ていたみんなは、さすがに悪いことをしてしまったと思った。そして、ちからを合わせないと楽しい活動ができなくなってしまうことを、体を通して強く認識させられた。

✱「銭湯クラブツアー」で生まれた学級の合い言葉

「田代君のお別れ会」は、田代には気の毒だったが、この四年二組が集団として高まるには、大変意味のある活動となった。それは、私の提起で始まった「銭湯クラブツアー」のときに現れた。

このツアーは、学校から歩いて10分くらいの所に「鶴の湯」というスーパー銭湯があり、そこに月一回のペースで行くクラブである。銭湯に入った経験の少ない子どもたちは、従業員さんが注意する声を全く気にしないでバカ騒ぎをした。

すると、当然、他のお客さんから「うるさい」「静かにしろ」などと文句を言われる。そのとき、子どもたちは、あの気まずくなったお別れ会のことを思いだしたらしい。誰かが「田代君が悲しんでいるよ」と言った。一瞬、ハッとして静まり返った銭湯。それからというもの、この「田代君が悲しむよ」という言葉が、学級の秩序を守るための合い言葉になっていった。

その後、参加・不参加自由なクラブツアーが気軽に、続々と誕生していった。「ラーメンツアー」「かわいい動物を見に行こうツアー」「うさぎのゴンザレスを見に行こうツアー」「チャリンコで散歩しようよツアー」「渋柿を集めて干し柿をつくろうツアー」など、生まれては消え、消えてはまた生まれしながら、子どもたちは「田代君が悲しむよ」という合い言葉とともにツアーを楽しんだ。

竜太もその中の一人だった。とくに「渋柿を集めて干し柿をつくろうツアー」は、竜太の発案でつくられた。朝の会で、

「小学校の周りには柿の木がいっぱいある。俺が調べたら渋柿の木が10本あった。それらは、土の肥やしか鳥の餌になるだけだから、俺たちがもらって干し柿にしないか」

食べることは大好きな子どもたち。その中で、健一郎や次郎たちが、

「すげえ！」

「竜太はこの頃とってもいいことを言うよ」

と評価した。そこで、さっそく「渋柿を集めて干し柿をつくろうツアー」がつくられた。このツアーの代表者には竜太がなった。参加者は健一郎や次郎、純一、そして女の子は礼子たちが入って八人。

✽「干し柿ツアー」で竜太が初めて謝った

放課後、一番はじめにうかがった家は、前年度私が子どもを担任した山内さんの所だった。山内さん宅の庭には大きな柿の木がそびえたつようにあった。あらかじめ連絡しておいたのだが、たまたま家にいた山内さんのお父さんが快く迎えてくれた。子どもたちの挨拶は練習したかいがあってか元気よく、歯切れのよいものであった。しかし、竜太が、

「この家、ずいぶんボロだね」

と言ったひと言で、なんとなく雰囲気が悪くなってしまった。そのとき、健一郎が、

「竜太、おまえまだ、修行が足りないな」

と指摘した。すると、驚いたことに、あの竜太が、

「その通り、こんなことを言ってもみんなは喜ばないよね。ごめんなさい」

と素直に謝ったのである。周りにいた子どもたちと私は目をまるくしてしまった。そして礼子が、

「あやまったの、はじめてみた」

と笑顔で言った。そんな子どもたちの様子を見ていた山内さんは、

「みんな仲良しなんだね。ようし、今日は渋柿がなぜ甘くなるのか、そして、柿の取り

方や皮の剥《む》きかたまで教えちゃうよ」

と元気よく言った。そして、先が二つに割れている竹竿を使って柿の取り方を教えてくれた。柿は、うまく割れた竹竿の間に入らず、子どもたちは「キャー、キャー」と言い合いながら取り合っていた。不器用な竜太が、みんなから遅れながらも柿が取れたときは、拍手が聞こえてきた。すると、細い目をさらに細くして、今まで見たことのないような表情で喜んでいた。皮を剥いたり、紐を使ってつなげたりする作業も大変だったけど、この「渋柿を集めて干し柿をつくろうツアー」の子どもたちは飽きることなく最後までやりとげた。最後に、山内さんから、

「初めはどうなるのか心配だったけど、だんだん君たちの素晴らしいところがわかってきたよ。また、来年もおいでね」

と言われて、子どもたちは大いに喜んだ。帰りがけ、竜太は、

「先生、俺、悪いことをする必要だんだんなくなってきたよ」

と、私にポツリと語った。

❀「みんなでとくする読書」四万五千ページ突破

翌日の朝の会で、「渋柿を集めて干し柿をつくろうツアー」の代表者・竜太が教室の風

通しのよい窓際に干してある渋柿のことを、じっくりと説明した。細長い目を半月のように丸くして、柿取りのこと、皮を剥くこと、紐に結わくことなどを楽しそうに話をした。終わると、

「干し柿ができたら、学級のみんなも食べていいのですか」

と、食い意地の張っている真介から質問がでた。それに竜太は、

「いいけど、勝手に取らないでください」

と答えた。すると、大きな拍手と共に、

「竜太ありがとう、ツアーのみんなありがとう」

という声が教室の中に響いた。そんな中、竜太に、

「以前のように、唾をかけたり牛乳パックを歩いている人にぶつけている竜太といまの竜太、どちらが好き？」

と、聞いてみた。すると、

「なんとなくいまかな」

「それだったら、みんなでいっしょに楽しんだり喜んだりできることいっぱいやろうよ」

と私は言った。それからというもの、竜太は学級の集団が喜ぶことや楽しくなる活動を提起した。

①みんなでとくする読書をしよう

〔やり方〕10ページごとに読書ポイントカードに学級委員がスタンプを押して、そのスタンプが10個たまると、一日分の宿題をしなくてもいい。

■4万5251ページを突破する

25日間の取り組みだったが、子どもたちは『ハリー・ポッター』などの本を一生懸命に読んだ。毎朝、子どもたちが発表するページ数を数直線上に書き表した。教室の中に張りつけられた数直線は、子どもたちが読書をすればするほどぐんぐんと伸びていった。取り組みの最終日には目標の4万ページを5251ページも突破していた。

②先生といっしょに給食を食べよう

〔やり方〕一人で寂しそうに給食を食べている私を見て、竜太が「先生を班の中に入れよう」と提案したことから始まった。曜日ごとに、それぞれの班の子どもと給食を食べることである。

■工夫して招待してくれた

私を招待する曜日を決めることで、子どもたちは激しく話し合った。しまいには、どのように工夫して招待するのかが論点になった。そのため、私を招待する曜日の班は、テーブルクロスを机の上に敷いたり、ディナー・ショーのような準備をして迎えてくれた。

このような活動をする中、学校に批判的だった竜太の親の反応も以前とは変わってきた。例えば「みんなでとくする読書をしよう」のときには、こんな内容の手紙をもらった。

> ポイントが本当に使えたので、子どもたちはビックリしていました。先生は約束を守ってくれてすごい、先生はやさしいと、大喜びの竜太でした。親として、小さな子どもとの約束ですが、先生から守ってくれ、有り難く思います。

＊俺は児童会副会長に立候補する！

生き生きした学級の活動がどんどんつくられ、子どもたちが共に喜び、楽しみ合える瞬間が増えた。掃除の時間も七分間で終わることができるようになった。その分、子どもたちは休み時間が増え、大いに遊んだ。しかし、午前中の休み時間については、子どもたちは不満をもっていた。

「授業は、いくらがんばっても掃除のときのように早く終わることがない」

「20分休みといっても、校庭に出るまで五分以上かかる。戻って来る時間も入れると、本当の休み時間は10分しかない」

「それなのに少しでも遅れると怒られるのはおかしい」……

竜太も、遊びに夢中になりすぎて教室に遅れて入り、私に怒られるときがあった。そのとき、私に、「先生は、遊ぶことは大切だといっているのに、どうして怒るの？」と聞いてきたので、「それは、時間を守っていないからだよ」と答えた。少しむきになった竜太が、「それじゃ、休み時間をふやしてよ」と要求してきた。

「それはすぐにできないよ。ただし、竜太が児童会の副会長になってみんなの意見をまとめて、校長先生に言えば実現できるかもしれないよ」と答えた。竜太は、「児童会の副会長になればいいのか」と、ブツブツ言いながら自分の席に座った。

児童会の選挙に四年二組から10名の子どもが立候補した。そのエネルギーに刺激された他の学級から、21名が立候補してきた。合計31名、その立候補者にそれぞれ一人ずつ応援者がつくので、選挙期間中は62名の子どもたちが活動した。これは、この小学校創立以来一三〇年間、初めてのことである。もちろんその中に、竜太もいた。竜太の方針は、

ぼくは、児童会副会長選挙に立候補した片山竜太です。ぼくのクラスの担任の

志賀先生は言ってます。「遊びこそ勉強です」と。いっぱい勉強して頭を良くすることも大切だけど、遊ぶことはもっと大切です。ぼくはその言葉を聞いて、遊ぶ時間を大切にしています。

ところが、ぼくたちの学校は遊び時間が少ないので、勉強と同じぐらい一生懸命遊んで休み時間が過ぎてしまうと、怒る先生がいます。とても不思議なことです。そうなると、先生も子どもも不幸です。そのようなことにならないように、ぼくが副会長に当選したら休み時間を増やすようにしたいと思います。

＊子どもの声を聞く学校に

ところが、この竜太の方針を知った一部の先生から「子どもが日課表を変えようとするのはおかしい」という意見が出てきた。「子どもの意見を聞いていくと、担任を変えろということもある」と、心配する先生も出てきた。しかし、「子どもの願いや学校に対する要求を表面に出して、みんなで考えていくことは学校を開いていくことです。竜太の児童会選挙立候補の方針は、学校を創造的に変えていく第一歩です。また、そういう学校は、突発的に担任を変えろなんていう子どもはいません」という先生の意見もあった。

そんな教職員の意見をバックに、竜太は自分の方針を変えることなく立ち会い演説会にのぞんだ。そして、全校五二五人の子どもの前で、

「演説会でマイクは必要ない、やる気があるから自分の声で演説できた。マイクなんか使うと、俺の言いたいことがみんなの心につきささらない」

と、激しく演説をした。

こんな、竜太の熱く燃えた活動は学校の中を駆け巡り、児童会選挙の面白さを全校のみんなに教えてくれた。

〔付記〕 遊べない子ども・トラブルを生じさせる子どもと関わるときの私の3つのポイント

遊べない（みんなと交じり合えない）子どもが増えている。硬い体を持ち、ストレートに集団の中に入る技を持っていない。そのため、孤立し、苦しみ、さまざまなトラブルや問題行動を生じさせ、集団の中で嫌われ者になっている。そんな子どもたちが集団の中で楽しく遊べる（交じり合う）ようになるポイントは、

①集団の中で生じる課題を解決するちからは集団しかない。

②否定的な行動から子どもの要求をつかみ、指導の出発点にしていく。

③活動や行動することから生まれた喜び悲しみを、みんなで共に感じとっていく。そして新たな活動や行動のエネルギーに転化させる。

実践❷

仲間の輪を広げた子どもたちの「会社づくり」

――子どもたちはそれぞれのグループに閉じこもり、仲間と関わるちからをますます失っていくように思われた。そこで、子どもたちが小さなグループを脱け出し、自由にグループをつくり変えていけるように「会社づくり」に取り組んでいった。（本文より）

斎藤　修（千葉・小学校教諭）

明夫の場合

❀勝ち負けにこだわる明夫

明夫とは三年生のときに出会った。四月当初、明夫は教室の中で落ち着きなく過ごしていた。朝自習のときも席についていることができず、周りの子にちょっかいを出しながら過ごしていた。そして、「明夫、席に着けよ」と注意されるとパニックを起こし、「なんで俺だけ注意するんだよ」と机を両手でバンバン叩き、注意した相手に上履きなどを投げつけることもあった。

授業中も自分勝手な行動をしていたが、周りの子に注意されると相手を睨みつけ、さらに強く注意されると、だだっ子のように激しく暴れまわるなど、周りの子の言葉に過敏に反応していた。

しかし、私の注意に対しては首をうなだれ、閉じこもっていくのである。仲間からの注意に対しては攻撃的に、大人からの注意に対しては反省しているかのように閉じこもっていくのが、明夫の特徴であった。

また、明夫は勝ち負けにこだわった。ゲームをしても負けると文句を言い、楽しい雰囲気を壊してしまう。また、負けを認めず、それを指摘されると暴れまわることもあった。そのためにゲームをする前には、「たかがゲームですよ。楽しむためにやるんだよ。負けても泣いたり、いじけたりしないという約束守れますか」と子どもたちに前置きしてから始めるようにしていった。また、勝ち負けの評価ではなく、取り組み方を大切に評価していくようにした。

休み時間にドッジボールをしている子どもたちの様子を見ていると、明夫の行動はやはり気になった。明夫は自分の方にボールをパスするまで、「こっちに回せよ。早くしろよ」

と怒鳴り続け、パスがこないと、「なにやってんだよ。バカ！」と悪口を言い続けていた。明夫の怒鳴り声と悪口でチームの雰囲気は悪くなっていく。私も子どもたちと遊びながら何ともいえない後味の悪さを感じていた。

また、明夫は他の子のルール破りにきびしかった。相手が少しでも線を出ると、それをきびしく注意し、教室に戻ってきてもそのことにこだわり続けていた。しかし、自分が線を出ても一向に気にせず、それを指摘されても「出てねーよ」と、決して認めることはなかった。明夫の自己中心性は肥大化していた。

❀自己中心性の背景を探る

明夫の母親も父親も教育関係の仕事をしており、明夫は教育家族の中で、幼いときから大きな期待をかけられて育てられた。スイミング、学習塾、英語など習いごとも数多く経験していた。また、父親は躾にきびしく、明夫は父親の前ではおとなしかった。明夫がルール破りにきびしいことや、注意されたときの異常な反応は父親との関係が影響しているように思われた。

明夫の家庭では父親によって細かい決まりがつくられていた。家での過ごし方から食事の仕方まで決まりがあった。このきびしい躾への反発が学校で再現されているように思われた。また、仲間からの注意に対する攻撃性も、抑圧された父親への思いを再現しているのではないかと思われた。

明夫が広子からのしつこい注意に対してパニックを起こし、暴れまわっていた。私は暴れている明夫を空き教室に連れていき、

「落ち着いたらいつでも教室に戻っておいで」

と言ってひとりにしておいた。明夫はしばらく空き教室で自分の上履きを投げつけながら暴れていたが、その後、疲れたのか何事もなかったかのように教室に戻ってきた。私は落ち着いて戻ってきた明夫に尋ねてみた。

「明夫くん、いま先生にどうしてほしい?」

明夫は黙っていたので、

「暴れたことを先生から叱ってほしい? それとも明夫くんを怒らせた広子さんを叱ってほしい?」

するとと、明夫から意外な答えが返ってきた。

「聞いてほしい…」

明夫はじっくり自分の思いを聞いてくれる相手を求めていた。幼いときから能力主義競争の中で育てられ、明夫の思いは封印され、反発心だけが肥大化していった。そして聞き

手不足の状態が日常化していったと思われる。

私は、明夫の話にじっくりとつき合うことにした。当初はほとんど自分を正当化する話で、聞いていてイライラすることもあったが、口を挟まず明夫の話につき合った。明夫にとって自分の思いを言語化でき、それにじっくりつき合ってくれる教師の存在は大きな喜びであった。そして、この話し合いがきっかけとなり、明夫は放課後によく私のところに話しかけてくるようになった。対話が明夫と私をつないでくれた。

✻遊びで子ども同士をつなぐ

①ドロケイで新しいルール作り

休み時間が終わるたびに明夫は不満を言っていた。ドロケイをやったときにも自分で勝手にルールをつくり、「はさみうちで捕まえるなんてずるいよ。捕まってないからね」と主張していた。子どもたちからは、「はさみうちがいけないなんてルールはありません。勝手にルールをつくらないでください」と言い返されていた。そこで、明夫の言い分を学級会で取り上げ、「ドロケイではさみうちをしない」というルールをつくるかどうかについて話し合った。この新ルールの提案は明夫が行った。

するとこの提案は、走るのが苦手な子どもたちから認められ、学級のルールとなっていいった。明夫にとっては自分の提案したことが認められ、うれしそうだった。このことをきっかけに、明夫はたびたびルールづくりを要求してきた。ドロケイ遊びでも見張りの人数や休憩場所など、新しいルールが明夫からの要求でつくられていった。明夫のルールへのこだわりは、遊びのルールづくりの中でいかされていった。

②みんなの「要求」を受けとめる力

「学年ポートボール大会」に向けて、各クラス四チームがつくられた。地域のバスケットチームにも入っている明夫はポートボールが得意で、チームのキャプテンにも立候補して選ばれた。

しかし、各チームの練習が始まると、明夫の自分勝手なやり方に不満が集中した。明夫は一生懸命やろうとするのだが、言い方がきつく、勝手に練習方法を決めてしまうためにチームの雰囲気はどんどん悪くなっていった。この明夫のやり方に対して、雄次や忠雄がキャプテン交替を要求してきた。

そこでチームでの話し合いを持つことにした。雄次たちからは「勝手に決めすぎる」「言い方がきつい」「すぐ怒る」など、明夫への不満が吹き出した。私が「きびしくした方が強くなるし、試合でも勝てるんじゃない」と聞くと、子どもたちは「負けてもいいから楽しくやりたい」と楽しさを要求した。そして明夫に対して「ゴールマンは交替してやる」

「すぐ怒らない」「失敗しても文句を言わない」「みんなで楽しく練習する」などについて要求した。

明夫は「試合で勝ちたい」と言いながらも、これらの話をはじめて、「注意」ではなく、「要求」として受けとめることができた。そしてチームの子どもたちも、明夫にもう一度キャプテンをやるチャンスを与えた。明夫は自分の得意な世界でなら、仲間からの要求や批判を受けとめるちからが少しずつ育ってきていた。

隆介の場合

❀楽しさを壊す隆介

四月、四年生の隆介は教室でゲームをするたびに机に伏して参加しようとしなかった。それでも時どきジャンケンゲームなど、ルールが簡単なゲームには参加するときがあるが、一度負けると、その後は二度と参加することはなかった。隆介の様子を見ていると、仲間といっしょに楽しみたい、遊びたいという気持ちはあるが、失敗してバカにされるのではないか、笑われるのではないかという恐怖心があるために参加できずにいるようであった。

休み時間に子どもたちを誘ってドッジボールをしていると、隆介も参加するのであるが、いつも外野に出て、近くにやってきた子に砂をかけたりしながら楽しんでいた。砂をかけられた子が怒って隆介にやり返そうとすると、「バーカ」と言いながら楽しそうに逃げまわっていた。まるで相手が怒って追いかけてくるのを待っているかのようであった。

隆介はルールのある遊びが苦手である。リレーをやると、最初は走るが、自分の負けがわかると途中から歩き始める。みんなから文句を言われると、「ウッセー、バカ」と言いながら暴れまわる。楽しいリレーは台無しである。また、ゲームをしていてルール違反を指摘されると、指摘した相手に向かっていき、楽しいゲームの雰囲気を壊してしまう。隆介が暴れるたびに、隆介とみんなとの関係はますます閉じられていった。

隆介のこころと身体を開き、仲間と関わるちからを育てていくことが求められていた。

✻隆介が仲間と関われるものは何か

隆介は、なぜこれほどまでに仲間と関わるちからを失ってしまったのだろうか。隆介は三歳のときに父親と別れ、母親と二人で暮らしている。母親は隆介が小学校に入学すると、トラックの運転手になり、朝三時には家を出て、夕方四時ごろ帰ってくるという生活になった。そのために隆介は一年生のときから、朝はひとりで朝食をとり、玄関の鍵をひとりで閉めてくる。そして遅刻をしないで学校にやってくるのである。

隆介はしっかりと母親の生活を支えながら生きていた。しかし、こころの中は淋しさとイライラでいっぱいであった。そして常に、その淋しさとイライラをぶつける相手を求めていた。

隆介は、朝からその淋しさとイライラを埋めるために友達に関わろうとするのであるが、その関わり方は後ろから叩いて逃げたり、友達の遊びを邪魔するなどの幼い関わり方のために、いつもトラブルに発展していた。そしてそのたびに教師や友達から怒られ、自己肯定感を失っていった。

「どうせできないもん」「やっても無駄だよ」「どうせバカだもん」が、隆介の口癖になっていた。隆介には自分にもできるという自己肯定感と、それを認めることができる仲間や教師が必要であった。

私は、隆介と仲間をつなぐものを探し求めた。隆介はボール運動や走ることは苦手である。また不器用なところもあり、コマ遊びなどにも参加しようとしなかった。隆介にとって遊びはちょっかいを出すことであり、ケンカをすることであった。

休み時間が終わるたびに、隆介への苦情が私のところにいっぱい寄せられた。隆介自身も不機嫌そうに教室に戻ってくることが多かった。隆介は仲間と楽しく関わる技も持っていなかった。しかし身体は学年一大きい。その身体の大きさを遊びにいかせないかと考えた。それが合戦遊びである。

相手の陣地に入って宝物を奪うS字合戦やさくら合戦では、隆介の身体の大きさを十分にいかすことができた。二～三人の子どもたちが宝を取りに行っても、隆介が彼らを跳ね返し、宝を守りきると、周りの子どもたちから「スゲー!」の声が上がった。このときから隆介と子どもたちの関係に少しずつ変化が生まれていった。隆介自身も遊びの中で活躍できるうれしさを感じていた。

子どもたちがこの合戦遊びに夢中になるにつれて、隆介はチームの中心になっていった。そしてチーム分けのときには、隆介が自分たちのチームに入ることを喜ぶようになっていった。隆介にとって自分を求めてくれる仲間との出会いは初めてのことであり、隆介のこころの中に少しずつ自信が生まれてきた。

休み時間が終わると、隆介も仲間といっしょに汗びっしょになりながら楽しそうに教室に戻ってくることが多くなっていった。隆介への仲間からの信頼は隆介に自信を生み出し、その自信は仲間に関わるちからを育てていった。

＊「会社づくり」は「友達さがし」

四月当初、子どもたちは小さなグループの中で、それぞれが関わることなく過ごしていた。そのような中で、隆介はどのグループにも入れずに孤立感を深めていた。指導がなければ子どもたちはそれぞれのグループに閉じこもり、仲間と関わるちからをますます失っていくように思われた。そこで、子どもたちが小さなグループを脱け出し、自由にグループをつくり変えていけるように「会社づくり」に取り組んでいった。「会社」は次の条件で誰でも、いつでも自由につくることができるようにした。

①三人以上集まったら、自分たちの好きな「会社」をつくることができる。
②「会社」の社長を決め、社員を集めるためのポスターを作る。
③どんなことをいつやるかを、帰りの会でみんなに知らせる。
④「会社」への出入りは自由とする。辞めたい子を無理矢理とどめたり、入りたい子を拒んだりしてはいけない。
⑤「会社」の活動のためにお金を使ってはいけない。ほしいものがあるときには先生に相談する。先生はできる限り協力する。

子どもたちはさっそく「会社づくり」を始めた。「アニメ会社」「トランプ会社」「手芸会社」「昆虫会社」「コマ会社」など、次つぎに「会社」が生まれていった。そして教室には壁いっぱいに〝社員募集〟のポスターが貼られていった。

子どもたちは自分の得意なことや好きなことを学級にどんどん持ち込んできた。子どもの私的な世界が学級の中で広がっていった。

昼休みになると、それぞれの会社の活動が始まる。「アニメ会社」の五〜六人の子どもたちは教室の隅の方で漫画のキャラクターを決め、漫画本づくりに取りかかっていた。漫画本一〇〇冊作成が「アニメ会社」の目標である。教室の反対側では、「手芸会社」の子どもたちが集まって、毛糸をつかって指編みを楽しそうにやっていた。教室の真ん中では、「コマ会社」の七〜八人の子どもたちが夢中になってケンカゴマをやっていた。教室の中に子どもたちの手作りのいろいろな文化が咲き始めていた。

学級には10個以上の「会社」が生まれたが、中には二〜三日で「会社」の活動に飽きてしまい、社員がいなくなり、やむなく倒産してしまう「会社」もあった。しかし子どもたちは「会社づくり」を通して新たなグループをつくったり、壊したりしながら少年期を楽しんでいるように思えた。

隆介もこの「会社づくり」を楽しんでいた。隆介はいろいろな「会社」から誘われ、うれしそうに活動をしていた。しかし隆介はひとつの「会社」にとどまることなく、いろいろな「会社」に出入りしていた。いろいろな「会社」に出入りしながら、いろいろな仲間との交流を楽しんでいるかのようであった。隆介にとって初めての「友だちさがし」が始まったように思えた。

実践❸

「るるる共和国」でみ〜つけた

——私が、子ども分析から実践構想を練るときに心がけていることが三つあります。一つは「子ども同士を出会い直させたい」ということ。二つは「学びの世界に導きたい」ということ。そして、三つが「自分自身をみつめさせたい」ということです。（本文より）

田北　昌司（大分・小学校教諭）

✽杉林の中の秘密基地

「た〜きた先生、秘密基地つくろう！」

そう話しかけてきた幸太は、四月に担任になったばかりの三年生（フルメンバー14人）。自然に囲まれた、全校百人あまりの小規模校にもかかわらず、子どもたちの生活には遊びの「家の中」化が浸透している。そんな中で、幸太はちょっと違っていた。元気がよくて、授業の態度が悪くて、机の上は落書きだらけで、半径三メートルは幸太の私物が散乱している。叱られても全然へっちゃらの幸太。返事も待たずに幸太は私の背中を押していた。

幸太と放課後の杉林に入る。裏庭に隣接した私有地で、以前はシイタケのほだ場に使っていた様子がうかがえる。薄暗くてジメジメしていて、ヘビでも出てきそうな雰囲気。でも幸太は満足げな様子で、

「ボクは残ってるみんなを集めるから、先生は屋根つくって」

と活動を開始した。思案の末、倉庫の奥の古テントを見つけ出したとき、

「先生、どお?」

と、幸太といっしょに秘密基地をつくることになったという茜が、心配して迎えに来てくれた。茜は校舎の内外を裸足で駆けまわる元気な子。友だちとのトラブルが多く、感情を押さえきれず決まって大声をあげて泣いた。

「テントを使うなんて、先生かしこ〜い!」

とほめてもらいながら、二人で古テントを担いで杉林に戻る。

「あっ、先生!」

と声をかけてきたのは、太陽のように明るいサツキだった。

「板みたいなもので壁をつくらないと基地らしくないよなあ」

と鼻水を上着の袖で無造作にぬぐいながら、壁づくりの研究に打ち込んでいるのはマイペースの聡一郎。

▲秘密基地を建設中の子どもたち

「何か使えるものはないかなあ〜」

と杉林の中を行ったり来たりしているのは授業中、ポカンとしていることの多い慎吾。結局、夕方四時過ぎまでかかって古テント六張りを取りつけ、でっかい屋根が完成した。

「先生、この秘密基地の名前を『るるる共和国』にしたい！」

というサツキの提案に、

「うん、いいアイデア！」

と即賛成したのは茜だった。学級開きで、

「『自分と友だちを大切にする』の『る』、『先生や友だちとつながる』の『る』、『何にでも挑戦してかしこくなる』の『る』、この三つの『る』をとって『るるる共和国』。どう？」

と呼びかけたのを覚えていてくれたのだ。みんなに呼びかけようと盛り上っている傍らで、『るるる共和国』ってなに？」とつぶやいている慎吾に、「忘れたらダメやん！」と幸太が突っ込んでくれた。

✲全員でつくる基地「るるる共和国」

「先生、聡一郎くんが泣いてる！」

というサツキの鋭い声に、みんなが一斉に顔を向けた。中休みのことだった。見ると、聡一郎が大泣きしている。

「どうしたの？」

というサツキの問いかけに、言葉にならない聡一郎。私は、

「言葉にできないときには、そばにいて肩に手を当ててあげるだけで、温かさが伝わっていくんだよ」

と言いながら教室に招き入れ、嗚咽《おえつ》がおさまるのを待つことにした。幸太と茜がみんなの輪からちょっと外れて立っていた。やがて、聡一郎が静かに口を開く。

「…るるる共和国でカブトムシの幼虫探しをしていたときに、幸太くんがボクのことをからかうから我慢できなくなって追いかけた。追いかけて教室まできたときに茜ちゃんに

ぶつかって、押されて、転んで頭を打った…。一年生のときからからかわれることがあって、お母さんに話すと、いつも、『先生に言ってあげようか』って言ってくれるんだけど、それで友だちが叱られたらかわいそうだから我慢してきた…。でも今日、言えそうに思った」

「聡一郎くんは優しいんだね。そして、よく言えたね。みんなできっと受け止めるからね」

私の言葉を聞くと、聡一郎は教室を出ていった。

「どこに行くの？」

と引きとめようとする子どもたちに、

「とめなくていいんだよ。一人になりたいときもあるんだから。聡一郎くん、落ち着いたら戻っておいでよ！…さて、みんなどうする？」

「…先生、私…謝る…」と茜。

「うん、そうだね。でも、謝ってからどうする？　謝ることが終わりじゃなくて、謝ってからが始まりなんだよね」

「先生、楽しいことしよう！　基地つくろう！」と幸太。

「うん、それがいい！」とサツキ。

そのとき、聡一郎がそっと教室を覗き込んだ。

「14人全員で基地をつくろう」ということになった。名前も「るるる共和国」に全員一致。その間、幸太はずっと聡一郎の肩に手を当てていた。茜は「ごめんなさい」と書いた手紙を手渡した。慎吾は「ねえねえ、何があったん?」と一人ひとりに聞いて回っていた。

夜、聡一郎のお母さんから電話をいただいた。

「一昨日の夜は、私の布団に入ってきて泣いていたんですが、今日はとってもすっきりした顔をしています」

とのこと。次の日から、幸太と聡一郎の本格的な「カブトムシの幼虫探し」が始まった。

「腐れたほだ木はカブトムシの幼虫の牧場みたいなものなんで!」と得意げに話す二人は、「るるる共和国をカブトムシの牧場にするんだ」と鼻息も荒かった。

✻お父さんの死、茜の涙

「先生、いつ材料を取りに来てくれるの?」

中休みに茜が話しかけてきた。びわハウス農家の茜の家には材木がたくさんあるから、『るるる共和国』をよくするのに使って!」と誘われていたのだった。

「お母さんが、うちにある軽トラ使っていいって」

茜のお父さんは長く入院していて、おじいちゃんが時どき使うだけの軽トラが一台あったのを思い出した。

「よし、今日の放課後に取りに行こう。でも、茜ちゃんの友だちといっしょに行きたいね」

「私、友だちいないもん…」

「えっ、近くにいるよ。茜ちゃんのすぐそばに！」

「ホント？　だれ、私の友だちって？」

「考えてごらん。あとで答え合わせしよう」

放課後、連れだって茜の家をめざしていた。茜はサツキを連れていたのだった。

「どうしてサツキちゃんだと思ったの？」

と尋ねる私に、

「昨日、泣いていた私をなぐさめてくれたから…」

と耳元でささやく茜だった。三人で歩く私たちを、めざとくみつけた子たちが追いかけてきた。幸太と聡一郎たち一味。みんなで材料を軽トラの荷台に積み込む。茜の家は留守だったが、隣のおばあちゃんがジュースをごちそうしてくれた。

材料でいっぱいになった荷台に、さらに子どもたちを積んで、「るるる共和国」に向け出発。「久しぶりにお父さんの匂いや！」と助手席の茜。荷台ではしゃぐ子どもたちのおかげで、軽トラは時速10キロのノロノロ運転。子どもたちは、すれ違う校区の方々に手を振ったり、荷台の材料の意味を得意げに説明していた。茜の顔に笑顔が戻った。

五月下旬の早朝、茜のお母さんから電話を受けた。お父さんの危篤と、茜の欠席を告げるものだった。私の頭の中は真っ白になった。そして夕方、茜のお母さんから、お父さんが亡くなられた旨の電話があった。

翌朝、子どもたちにどう伝えようかと教室で迷っていると、サツキが飛び込んできた。

「私、昨日、茜ちゃんちに連絡帳を持っていったら、たくさんの人や車で。ちょうど茜ちゃんが出てきて、『お父さんに会っていって』って言われて、お父さんに会った。静かに眠っているみたいだった…。その話をお母さんにしたら、しんけん泣いていた。私も涙が出てきた…。先生、これ茜ちゃんからの手紙」

手紙にはこう書いてあった。

「先生へ　お父さんおなくなり　四七さい　茜より」

お通夜で茜は、

「先生、お父さんに会っていって」

と、お父さんの前に案内してくれた。そして、葬儀での出棺に立ち会うお母さん、おじいちゃんと並んで、茜は大泣きをしていた。そんな茜に、私はいっしょに泣くことしかできなかった。

翌日。茜への連絡帳を前にして、言葉を捜していた私に幸太が近づいてきた。

「先生、何、悩んでんの?」

「うん、茜ちゃんになんて書こうかなあって…」

「…『みんなでいっしょに遊ぼう』って書いて。じゃあ!」

それだけ言うと、風のように走って行ってしまった。

初七日が過ぎて茜が教室に帰ってきた。ちょっとのことで友だちに文句を言ったり叩いたり、怒って遊びを勝手にやめて教室に帰ったりと、茜は落ち着かない日々を送るようになった。子どもたちは「二年生のころの茜に戻ったようだ」と感じていながら、そっとしておくことを選んでいた。

そんなとき、サツキが茜と連れ立ってやってきた。

「先生、幸太くんたちが『るるる共和国』でカブトムシの幼虫探しをしてるやろ。私たち仲間に入れてくれないし、幼虫って気持ち悪いし…。だから私たち考えてたんだけど…。シイタケ育ててみたいんだけど…。『るるるシイタケ牧場』ってどうかな?」

「私んちのほだ木を何本か持って行っていいって!」
茜の家の軽トラの出番がまたやってきた。茜が少し元気を取り戻した。

❀お腹と心がいっぱいの「るるるシイタケパーティー」

二学期になって、「るるる共和国」は、基地実行委員会の提案をもとに、杉林から体育館裏へと移築し、さらに快適な基地になっていった。ダンボールやマルチを使って暖かさと明るさを実現し、みんなの願いだったドアには錠がかけられるようになった。安心して自分たちのスペースを主張できるということで、「るるる共和国」の看板も堂々と飾られた。看板の下には「守り神」なるものも出現。一日一時間はそこでの授業が日課になっていった。「るるるシイタケ牧場」は、いただいたほだ木から少しずつシイタケが顔を出し始めていた。

シイタケ実行委員会は、「るるるシイタケパーティー」を提案し、シイタケの炊き込みご飯と味噌汁をつくって食べようと、レシピづくりを進めていた。お家の方に「お助けティーチャー」で来てもらうようにもなった。そんなとき幸太が、「炊き込みご飯に使うシイタケは、乾燥したものの方がおいしくて香りもいいって」という情報をゲットしてきたことから、どうやって乾燥するかという話になった。

「急ぐから私んちで乾燥すればいい。ホントは『テンピボシ（天日乾し）』がおいしいらしいけど、それは今度やればいい」という茜の発案で、「茜ちゃんちでシイタケの乾燥計画」が急浮上。「で、テンピボシって何？」と、いいツボを押さえてくれたのは、例によって慎吾だった。

二日後、茜の家に向かう。到着して早速、幸太は聡一郎と山や田んぼの中を駆け回って遊んでいた。慎吾は庭でマイとび縄を取り出して練習を始めていた。そんな三人に「乾燥のお願いをして、乾燥機の見学をする予定なのに」と怒りながらも、サツキが茜のお母さんとおじいちゃんにあいさつをしてくれた。

見学が終わってみんなで遊んだあと、帰る時刻になったが、幸太と聡一郎は「もう少し茜と遊ぶ」と言ってきかなかった。ようやく五時の時報をＢＧＭに、三人が泥まみれになって山から帰ってきた。

幸太「腹減った。おじいちゃん、この天日乾し中のシイタケ食べたい！　あっ、おじいちゃんちのシイタケ、小さいぞ。こんな小さいの採っていいの？」

おじいちゃん「小さくても、裏にあるマクが切れかかったらもう採らんといけんのや」

茜「ふ〜ん、知らんかった」

聡一郎「へえ、じゃあ、ぼくたちの牧場のは採るのが遅すぎたんだ」

幸太「炊き込みご飯にしてもおいしくないかも…。おじいちゃんちの少しちょうだい」

そのあと、茜は幸太と聡一郎を、自転車でどこまでも送っていったそうだ。

翌日、「るるるシイタケパーティー」はにぎやかに始まった。ハプニングはたくさんあったものの、みごと二品は完成した。サツキと茜は、「みんなでつくったからおいしいんだよね。また何か成功させたいね」って言いながら、上品に三杯食べていた。

包丁の扱いがうまいとほめられた慎吾と、米とぎがうまいとほめられた聡一郎は、競うように四杯食べていた。幸太のお母さんは今日の「お助けティーチャー」、そのお母さんに日頃、叱られることの多い幸太は「吐きそう!」と言いながら山盛り五杯食べ、それでまたお母さんから叱られていた。お母さん方がつくってくれたデザートと上演してくれたエプロンシアターに、さらにお腹と心はいっぱいになったのだった。

二学期の終わりに、茜は次のような文章を書いた。

《…自分のことでいえば、少し成長したような気がしています。…今度幸太くんや、慎吾くん、聡一郎くんたちと同じ班になってみたいです。幸太くんは、友だちのことがわかるし、協力してくれます。幸太くんはやんちゃだけど、とってもいい人です!》

❀授業で考えた「シイタケ」の未来

三学期。「自分たちが育て、天日乾ししたシイタケを、日曜学級のときに買ってもらおう」ということになった。

そこで近くにあるM産業というシイタケの種コマ（シイタケ菌を植えつけた種状の木片）を発明した会社を訪ね、自分たちのシイタケの品種を見てもらった。すると思いがけず「いいシイタケ」だとほめてもらい、市販のシイタケより高い値段をつけてもらうことになった。そのシイタケが日曜学級で「完売」という結果を生んで喜んでいた頃、聡一郎が、「ぼくのお父さんがM産業で『ゆう次郎』という品種のシイタケを開発した」という新情報をゲットしてきた。子どもたちは「ぜひ聡一郎のお父さんの話を聞きたい」と、「るるるしいたけ研究会」という会を開いて、品種開発の方法やきっかけを話していただくことになった。

お父さんの用意してくれた「ゆう次郎」の実物や開発に使っている道具、ほだ木などを使っての授業と、自分たちのほだ場も見てもらったことで、子どもたちは大満足だった。聡一郎のお父さんが話してくれた開発のきっかけの一つ、「大分県は乾しいたけの生産量は全国一だけど、年々減少している」ことに幸太は、「なぜだろう?」とこだわっていた。そのことを授業で広げてみた。

聡一郎「中国から安い乾シイタケが入ってくるから、日本のものが売れないってお父さんが言ってた」
茜「おじいちゃんがシイタケをつくるのはキツイからって言ってたなあ」
サツキ「若い人がちがう仕事につくようになったって、お母さんが言ってたよ」
私「みんなはシイタケづくりの仕事を選びたい？」
サツキ「選びたくないってわけじゃないけど、自分にやりたい仕事があるから。う〜ん…自分のやりたい仕事をとるかなあ…」
幸太「ぼくもかなあ」
そのとき、茜が手をあげた。
茜「私、…お父さんと病院で約束したんよ。看護師になるって。看護師って早番とか遅番があるやろ。遅番があけて帰ってきてから世話をするんよ。…おじいちゃんのほだ場を守るんや！」
幸太「…先生、ぼくずっと『るるるシイタケ牧場』を続けたい！」
聡一郎、慎吾「ぼくも！」
私「ふ〜ん。じゃあ先生も応援するよ」
慎吾「シイタケ、先生にもあげるけん！」
サツキ「『るるる共和国』でシイタケや基地をつくってきて、た〜くさんのことをみつ

▲４年生になり、「欽ちゃんの仮装大賞」東京本選をめざし、福岡での予選に挑戦した子どもたち。

けた気がする。ずっとずっと続けていきたい！」

茜「うん。ずっとずっと、ず〜っと！」

四年生に進級した子どもたちは、「今年はどんなことをしようか」と相談する茜とサツキや、「ぼくがリーダーやるよ。でも行動するリーダーだよ。話し合いはイヤだからね！」と張り切る幸太たちを中心に、再び担任になった私と、「るる共和国」をバージョンアップしていくことを確かめ合います。子どもたち、今年はどんなことをみつけるかな！

〔追記〕私が、子ども分析から実践構想を練るときに心がけていることが三つあります。一つは「子ども同士を出会い直させたい」ということ。二つは「学びの世界に導きたい」ということ。そして、三つが「自分自身をみつめさせたい」ということです。

いわゆる問題行動というものも（何が問題かということが大きな問題なのですが）、その子が背負っている生活現実を反映した、しかも精いっぱいの自己表現ですから、「自分自身をみつめる」ことなしに、自分のいまの状況をどう捉え、そしてどうするかというような自覚は生まれてこないと思います。ですから、まず「知っているつもりの友だち」に「出会い直させる」ことで、友だちとの関係を見直させたい。そして、その関係性の見直しが自分に向いたときに、「知っているつもりの自分、知らなかった自分」と出会え、「自分自身をみつめる」ことになっていくと思うのです。この構想の鍵となるのが「学び」だとも考えています。「関係性の見直し」が「学び」を生み、「学び」がさらに「関係性の見直し」を生むという過程で、深く「自分自身をみつめる」ことができていくと思うからです。

実践④

映画が届けてくれた贈り物

――作品は、もちろん、ひいき目に見ても上出来とはいえないが、場内は笑いあり、叫びあり、またまた笑いありの大盛況。遊びでありながら、そこに表現する手段があると、子どもは丸ごと柔らかくなってくるように思える。（本文より）

さとう　ゆきこ（宮城・小学校教諭）

❀しみこまない言葉

こんな小さな事件があった。

春の初めのまだ寒い日、六年の担任になり、まだ一週間のことだ。

放課後、たまたま教頭先生が校庭を見回りしていると、三人の六年生が校庭の片隅でごそごそ固まっていたのを見つけた。私のクラスの男子、高志、一哉、寿和（三人とも何かにつけて反応が早く、明るい、学習も良くできる少年たち）だった。

三人は学校の近くのコンビニに行き、ラーメン風のお菓子とマッチを買ったという。それぞれお菓子の入ったコンビニの袋を下げて学校までできた。そして、校庭の端っこ（端ではあるが、物陰でもなく、どこからでも見える場所）に陣取り、ラーメン風のお菓子をマッチで焼いて食べようということになった。そこで、何本かマッチをすって、火をつけているところを見つかったのだった。

そのあまりの幼稚な事件に私は思わず苦笑したが、火のことでもありしっかり叱ろうと、話をすることにした。

三人とも真剣に聞いているようで、「はい、わかりました。はい、もうしません」と素直な返事をする。本当に真剣にそう思い反省もしているのだろう。だが、どうもこちらの伝えたいことが素通りしているようで、何かすっきりしない。私の話に力の無いこともあるが、不完全燃焼の少年たちに届く言葉はないかと考えながら、その日の事件はひとまず彼らの「はい」を信じて終わりにした。

小さいが、気持ちのすれ違うような事件が続き、そのたびに、自分の言葉が子どもの心にしみこんでいないなあと、感じていた。そして、

「私、子どもたちの思いをわかったつもりでいないか？」

「少年たちよ！　君たちは思いっきり遊んでいるのか？　爆発しているのか？　そうして、真剣に叱られようとしているのか？」

＊そうだ、映画の力を借りよう！

そんなとき、我が家の甥っ子たちと『ドラゴンボール』のビデオを観た。これが、なかなかいいのである。漫画の「ドラゴンボール」は名作だ（元気をくれるし、主人公の無垢《むく》の心に打たれるし、癒《いや》されることもあるのだ）と思っていた私は、格闘シーンの多い映画は苦手だった。しかし、どうも違う。主人公が、「地球の生きとしいけるものよ！　おれに気をくれ！　いま地球を守るために気を分けてくれ！」と叫び、その広げた両手に〝気〟が膨《ふく》らんでいく場面で、私は思わずうなってしまった。

「この叫びなんだよなあ！　この集まってくる見えない力に元気をもらって生きてるんだよなあ」「よし！　この映画の力を借りよう！」

学級には「苦情解決班」という係りがある。そこに私は、担任としての苦情を持ち込んだ。

「どうも話が通じないような気がしているので、映画で伝えたい。それについては映画上映会を開いてよいか」

これには全員賛成。テーマは「十二歳の青春を楽しく生きているか！」。上映するのは『ドラゴンボール』と『E.T.』。この上映会で、何が変わったというのでもない。しかし、三六人が真剣に映画を観て、真剣に笑い、本気で主人公の思いになって、息をのんでいる姿は好ましいし、終わってからの会話が映画で盛り上がったり、映画の一シーンが冗談になったりするのはいいものだ。そんなわけで、よく映画の力を借りるようになった。

その初夏、優しくおとなしい有子の父親が亡くなった。重い病気に苦しむ姿を、母親と共に見続けた有子だった。

「友達の悲しみにどう寄り添ったらいいのか？　愛するものの死をどう考えたらいいのか？」と、お互いの悲しみについていろいろ語り合って、映画も観た。話題になっていた『マイ・フレンド・フォーエバー』だった。死が近づきふざけあう少年たち、二人の対照的な母親の最後にわかり合う姿、よけいな説明はいらなかった。

また、いい子でいようとがんばる百合子や浩二に、「がんばりすぎるなよ」というメッセージを込めて、『スターウォーズエピソード1』を観たりした。しかし、映画は観るものによって気にかかる場面が違う。私の期待とは違うところが、子どもたちの心に残っていくようだった。

授業でもよく観た。分数でつまずいている勇樹と琢に、主人公が蔵王へドライブに行き「分数がわからなかった」と語るシーンを見せたくて、『おもひでぽろぽろ』を上映した。また、「まっとう」の意味を考えたあと、「まっとうな海賊」というドーラの台詞を聞かせたくて、『天空の城ラピュタ』を観た。

「宮城県とは?」と考えて、山田洋次監督の『息子』を観た。その主人公のアルバイト先のおじさんたちが、岩手出身の主人公に言うのだった。

「宮城の若者はすぐに辞めていった、おまえはどうかなあ?」

この、おじさんたちの宮城観をもとに、学級会までした。この映画の中で思わず、「そうか、宮城ってそう見られているのかもしれないなあ」と感心したり、「いや違う」と怒ったり。「怒ったけれども、映画の最後に宮城県の誇る民話のふるさと『七つ森』が美しい夕日を背にシルエットになって浮かぶから、若者のことはちょっと不満だけど、きれいな風景があるから許す!」などと論争したりして、大いに盛り上がった。

(注・これには後日談があって、この「七つ森」は新幹線から眺める設定だったので、みんなで新幹線に乗って見に行った。ところが、新幹線からはあの美しい風景は見えない! がっかりしてどこから写したのかと、映画のトリックに悩んだりしたのだった。)

✿自分たちの映画をつくろう!

映画が学級の中で、観るものからつくるものへと変わるときがやってきた。卒業が話題の中心になってきた頃だった。

「先生、次は何を観ようか?」

と、あの高志たちがのんびりしたことを言ってくる。

「観なければわからない問題にぶつかったのが?」と返すと、

「卒業がさ、テーマの映画なんてなあ! いいんでないかなあ」

と、なかなか時期を得た返事をしてくる。「なるほど」と考えながら、ふと、問いかける。

「いつまでも映画に頼ってでいいのが? 観るよりつくるって考えもあるべよ。映画をつくるなんて最高!」

私の中では、子どもたちの内側に発信したいという大きなエネルギーがあることを感じていて、発信こそ、遊びの真髄ではないかと思っていた。それに、卒業を機に自分(たち)の物語を語って欲しいとも思っていた。そこで、学級卒業企画実行委員と協議、次のような提案をしたのである。

■卒業記念企画、この一年を映画にしよう
・つくりたいテーマを出し合う
・テーマはこの一年のことで、観た人が心温まる内容で真剣なもの。

・テーマごとに集まり、シナリオ、キャスト、スタッフを決める。
・期間＝一二月〜二月
・上映＝三月上旬

多くの賛成の中、「映画より本に書くものの方が伝わる」と考える百合子たちもいれば、「映画！　いいねえ！　ヒーローはおれネ」という勇樹たちもいる。表現手段はどれも認めることになり、テーマの絞り込みが始まった。

■「探偵もの」（おもに元気な男子、高志たち）
■「恋の話」（圧倒的に女子で恵里たち）
■「歴史もの」（歴史大好き舞子たち）
■「ゲームもの」（ゲーム命の勇樹たち）

ここで、「これが、この一年なのがなあ？」と私。遊びでは本気だ。この「テーマ」にこそこだわりたい。何しろ子どもたちの「内なる宇宙」を表現して欲しいのだ。取り上げて欲しいテーマはたくさんある。これまで学級にたくさんのドラマがあったではないか！「誠也カラオケ友情物語」「ドッジボール大会での逆転劇と、そのヒーローたち」「トイレ掃除でかわいい赤ちゃんが生まれるか、論争と調査結果」などなど。なにより、日々の小さな優しい物語に目を向けて欲しいのだ。

本気になる私に、百合子の日記が直撃してくる。

《先生がむきになると、ちょっとつかれます。でも、やっぱりそうかなあと思うこともあります。先生はみんなにまかせるというけど、変なとこでしつこくて、信じてくださいと思うことがあります》

「そうだったのだ、信じることだったのだ」と、こちらが引くと、おもしろいもので、子どもたちがかえって真剣に考え出す。

探偵物は、「やぎ小屋殺人事件」に。学校のやぎ小屋を舞台に人の死なない殺人事件で、少年探偵団の友情がテーマ。ゲーム大好きっ子グループは、「もう一つのＦＦ」という題で、ゲームの世界に入り込んだ女の子を救出する内容となった。恋愛物にこだわった女子は、あくまでも「恋」。それも、三人の間でもめるようなものなのだった。


❀えっ、担任は「謎の老人」役！

シナリオつくりがスタートした。私の手持ちの「トラさん」や「北の国から」を読んだり、絵コンテの描き方を考えたりしたが、子どもたちはどんどん台詞をつないでいくだけ。それでも動きが見えているらしく、実に楽しそうなのだ。

「恋」班は、シナリオで燃えている。その中に『私の好きな人は卓也なの』『えっ！私もなの』という二人の親友の会話があった。そこは強引に、担任（私）、参上！

「えええ？　言うがやあ？『私も』って」

「なんで？　好きなんだもん、言うさあ！」

「言わない！　親友が好きなら、言わない！　絶対、親友を応援するね！　そして、蔭で泣く！　そういうもんだべ！　愛ってさ！　友達のために苦しむのさあ！」

「そういうのは古いの」

「先生は自分がそうした方がいいと思ってるだけだっちゃ！　そしたら、話になんないさあ」

「いやあ、違う！　何でさあ、もめなくてねえの？　そっと二人の愛を温めるとかさあー」

「だめだめ！」

恋愛論争では私は相手にされない。だが、追い出されてから聞いていると、「親友じゃなく、ライバルとかにする？」と修正が加えられたりするから、「またまた、参上」と、こりない私。

撮影も始まった。カメラマンの寛子は、一カットは四秒以上にすることや、パンニングなど、のみ込みが速い。どんどん撮影するが、映すたびにみんな集まって、巻き戻しては

「キャーキャー」喜んでいるから、なかなか進まない。それもまた、心がつながるひととき
なのだろう。あの冷静な寛子が大声でみんなの中で騒いでいるのも「いいなあ」と眺めていた。

なんと、「やぎ小屋殺人事件」映画隊から、私に出演依頼がきた。死体のない現場にうろうろする謎の老人の役だ。女優（私）としては、不満だ。

「老人はねえべ。老人のイメージが貧弱！」

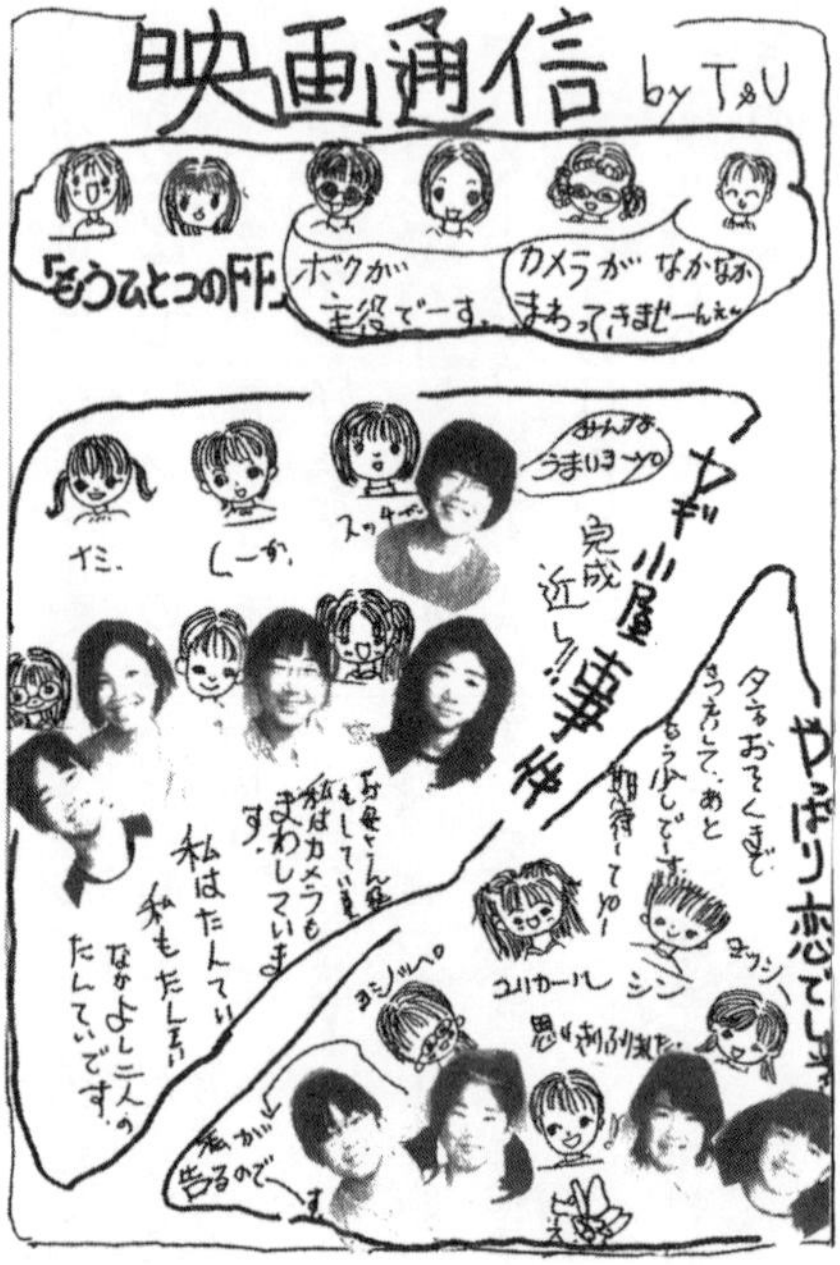

▲映画作りのようすを知らせる通信

「えええ！　ここはやっぱり老人だっちゃ」

「何でよ。それはどういう人なのや？　人物像をはっきりさせでよ！」

「…………」

「ほら。この必然っていうがなあ。そういうのがなくてだめでねの？」

そんな会話の後、冬樹たち

▲映画会案内のポスター。みんなに熱く語りかけようと作った。

は「最後にこの老人が事件のヒントを握っていて、昔、探偵しててー」と考え出し、他の登場人物の背景も考えるのだった。

撮影当日、ばっちり絵の具でメイクをして、私は現場に行った。その迫力に、子どもたちは大笑いして、

「先生！ 浮いてる！」

自信たっぷりに私、

「なに言ってんの？ 女優はいつも役づくりに命かけてんのだよ！」

演技も、もちろん大胆である。

初めは固かった貴子や美樹もつられたように調子が出てきて、冬の夕暮れ、寒さも忘れてカメラを回した。この撮影班は、貴子の家で撮影シーンがあり、布団を出したりして大騒ぎしてしまった。貴子の母親は、「よそのう

ちでの遊び方ができていない」と、少年少女たちを叱ってくれた。叱られて、おやつをもらって、相談にものってもらった子どもたちは、母親に出演を頼んだりしたらしい。貴子は、このときのことを日記に次のように書いている。

《お母さんに怒られたときは、何でこんなときにと思った。友達にいやな思いをさせてしまうと思った。みんなは、怒るのは当然だと言ってくれた。でも、怒った後、おやつを用意してくれて、『できたら見せてね。みんなを見てると楽しくなるね。こういうことするのは大事なことだよ』と言ってくれたから、良かったなあと思った》

こうして、叱られたことの少ない子どもたちには、貴子のお母さんのきびしい優しさは新鮮に映ったようだった。

撮影を始めて気づいたことがある。いかに私が出来事しか見ていなかったかということをだ。映画の内容にこの一年を刻んでほしいとこだわっていた私だが、子どもたちはつくる過程で、この一年を語っているのだということをである。

日々もめたり、わかりあえず苦しんだりしたとき、話し合い行動し、乗り越えてきた姿がそこにあり、ついつい何事につけ口をはさんできた私へ、「まかせてよ、信じてよ。先生、自分が正しいと思い込むのは間違いだよ」という、声にならないメッセージがそこにあり、一つのものをつくり上げようというときには小さな塊になっていた仲間が、大きく手をつなぐことができるんだぞ、という思いがそこにあるように感じるのだった。

何より、寒い冬場、夕方遅くまでカメラを回したり、行ったことのない友人の家にみんなで押しかけたりするような、夢中になって楽しむ姿をこそ、追い求めてきたのではなかったか。


卒業がせまった二月末、上映会を開いた。

作品は、もちろん、ひいき目に見ても上出来とはいえないが、場内は笑いあり、叫びあり、またまた笑いありの大盛況。遊びでありながら、そこに表現する手段があると、子どもは丸ごと柔らかくなってくるように思える。そして、本気になってくるような気がする。

そんなときは、私も、本気にならなければならない。

〔追記〕 これでよかったのだろうかと、いつも思う。その場その場、その時その時、子どもといっしょに遊んできただけのような気がする。子どものにおいを嗅ぎ取ったつもりになり、子どもの向く方に向いた気になり、開けっぴろげにおもしろがってきただけのような気がする。心の中は、いつも「子どもが本気のときは遊び心で、遊びのときは本気で立ち向かおう！」と、説明の仕様のないあいまいなものなのだ。今、あらためて振り返り、取り組みの中で私自身が大事にしようと考えたことをまとめてみた。

〔子どもたちの姿〕

・いつも「本気で正しく生きるよう」追い立てられているのではないか。
・スリルのある心底おもしろい遊びの世界から遠ざけられているのではないか。
・遊びの中で自分を語り、表現する手段と出会っていないのではないか。

〔私の大切にしたい柱〕

・本気と遊び心の綱引きをしよう。（「正しく本気」には「遊び心」で、「遊び」では「本気」で）
・子どもが楽しい、自分も楽しい文化をつくろう。
・固くなった心と体に、新しい表現の世界を伝えよう。

実践❺

教室にあたたい涙が流れた日

――「終わりのことば」は江里子だった。「言えて良かった、聞いて良かった、聞いてもらって良かった。人って、助け合うためにいっぱいいるようなもんじゃん！」。私は教室の隅でうずくまって座り、半分以上泣いていた。（本文より）

外山　弘恵（中学校教諭／仮名）

〈1〉　遊びながらつなぐ

❋こっちを向いてくれないクラス

二年生で受け持ったクラスは、「池の中に砂利を投げた状態」で、騒然としているだけでなく、暴力的で反抗的な生徒や、授業中グッタ―っと寝てる者が数人いた。家庭的にも重いものを背負っている生徒が多く、好きな者どうしのグループさえほとんどなく、私が一人ひとりと話し始めると、「ひいきしている」と嫉妬《しっと》の声があちこちに聞こえた。私はどうしていいかわからず、立ちすくんでしまった。

そこで、これからのさまざまな問題をみんなで取り組んでいくために、ゲームでスクランブル状態にしてしまうことを考えた。「全員と握手をして挨拶しよう」と、全員に新しい名簿を渡し、できた班から、最初の掃除場所を選ばせた。反抗期でいやな顔をして動かない生徒がいても、側に寄って来て、連れて行ってくれる班員もいる。班のまとめ役が徐々に見えてきた。

これをスタートにして、班員が男女仲良く協力しないと勝てないゲームをどんどん入れていくことにした。まだ体が硬いので無理をせず、順番を考え、次つぎにやっていった。係の仕事もゲームで決めた。「集団じゃんけん」「もの知り博士ゲーム」「こんにちはゲーム」「じゃんけん負けリレー」「コイン渡し」…、慣れてきたら、全員でいっしょに動くゲームを多くした。「早く並べ」「ステレオゲーム」「カップル名指し」などである。

だんだん、勝つための工夫をして練習したり、笑い声があがったり、和やかな雰囲気が広がっていく。班会議の途中で止めて、

「○班を見て！　小さく輪になっている。それに△君が指示している。いい班会議だね」

と評価して、班会議の方法も覚えさせてしまう。

❀問題児たちをゲームに巻き込む

政志は新年度学級発表のときから、ハスにかまえて私をにらんでいた。問題のある生徒だと思われたが、非行傾向はなく、少し激しい反抗期のようだった。私語などでどの教科の教師にも叱られることが多い。その日は、班対抗で、掃除場所をかけて（勝った班が好きな掃除場所を選ぶ）「全員と握手をして挨拶をしよう」ゲームをやることにした。政志はふてくされて「いやだ」と言ってやりたがらなかったが、その場の勢いでどさくさに紛れてやってしまった。

しかしこのままではしらけてしまい、学級も沈んでしまうので、雰囲気を盛り上げるために、翌日は「コイン渡し」をやることにした。政志は知らんぷりを決め込もうとしたが、ロッカーの上に座りながら、わからなくて悩んでいる班員に「あいつが持ってる」と指図し出した。こうなれば成功！　ポーカーフェイスのうまい班を相手に、政志は真剣な顔をして考え、当てられなかったときは悔しがっていた。

「腕相撲」では、自分は応援したりしないが、班員から声援を受けるとまんざらでもない様子で、徐々に班にとけ込んでいった。

授業中寝ているか、プリントを紙飛行機にしてしまう祐二がいた。廃物利用の用紙を全員に渡して、班対抗「紙飛行機大会」を提案し、昼休み、廊下で班ごとに順番に飛ばした。祐二は昼食を取りながら、他の班に聞こえないように折り方を教えている。これだけで見ている私はニコニコ、もう「OK！」なのである。一番飛んだ記録が班の記録となる。

学級に「エロイ」話が嬉々として出てくると、人間関係がだいぶできてきた頃だ。この頃になると「早く並べ」がおもしろくなる。「背の高い順」「手の平が大きい順」「昨夜早く寝た順」などをやった最後に、「エロイ順！」と言ったとたんに大騒ぎになる。もちろん、その様子は学級通信に載せた。学級の状態で、臨機応変に遊びを考えていった。

池の中に「石を投げた」状態なら、その生徒に個別で話をするが、「砂利をぶちまけた」状態だったので、正攻法でいくことにした。全体に説話したり、班会議で要求を出させたりしながら、並行して「五・七・五」の標語作りで明るく楽しんだ。全員に一個以上書いてもらい、数人ずつ記名で学級通信に連載する。

「うるさいぞ　そのひと言が　命取り」

「いねむりは　その場は楽だ　後つらい」

など、交通標語を例にすると、初めてでも指で数えながら楽しみ出した。短冊型にして、全員分を学級通信に名前入りで載せてやると、下手でも次回は工夫しようとするからおもしろい。私は毎日、学級通信を書いているので、いっぺんに載せないで三人ずつくらい連続で載せていくと、説教じみなくてよかった。

❀ミミズ探しで知った「シンナーの害」

中二の九月、シンナーを吸引していた生徒がいた。また、マニュキアで、爪の色はカラフルになっている生徒も増えてきた。そこで「ミミズ探し大作戦」と称し、ある実験を思いついた。

昼休みに小瓶を持って、中庭や日陰を、生徒たちがミミズを探し回った。気持ち悪がってつかめない子、割り箸をもらってくる子、太いミミズを得意げに女子にくっつけたがる子…。その中で、昭夫のミミズを使うことにした。この頃、昭夫は教室にいることが少なく、非行仲間といることが多くなっていたし、何よりたばこが常習になっていた。みんなの前でミミズを小瓶に入れ、マニキュアの除光液を数滴落とし、すぐふたをしめたら、ばたばたと暴れて数秒で紫色になって死んでしまった。

「この除光液をしょっちゅうつけていたら、体にいいわけないよね。シンナーはこれよりもっと強力…」

と話していたら、昭夫が、

「だから、由美、やめた方がいいぞ」

「昭夫のたばこだって同じだー」

「じゃ、たばこでもやってみようぜ」

などの意見も出てきたりして、ミミズにはかわいそうだったが、昭夫も由美も目の前でミミズが死ぬのを見て、考えたようだった。

❀不登校の美香子と苦手な級友由美をつなぐ

美香子は中一のとき緊張感が強く、まじめで何事も一生懸命であった。小学校でも休みがちと聞いていたので、「あぶないな」と思っていたのだが、五月の宿泊学習では「班の出し物」も中心になってみんなを笑わせたり、感心させたりした。その後、しばらくは登校していたが、やがて休みがちになった。元気すぎるクラスのうるささや、周囲のクラスメイトたちの子どもっぽく乱暴な言動の中で神経が疲れてしまったようだ。

その騒ぎの中心になっていたのが由美だった。由美は複雑な家庭状況で、小学校四年からたばこを吸い、授業中騒いで妨害したり、暴力で脅したりするなど、体が悲鳴をあげている生徒だった。

由美と美香子の同時並行の家庭訪問を繰り返した。数回の訪問の後、美香子の母親と雑談できるようになる頃、美香子が会ってくれるようになった。

私は、美香子といっしょにペットのフェレットと遊べるようになった。そこで、美香子が選んだ優しい女子たちを誘うことにした。美香子は少し勉強したり、お菓子を食べておしゃべりしたりするようになった。だんだん家から出て、友達がバドミントンをするのを見ていられるようになった。

私は美香子とのおしゃべりの中に、学級の楽しい出来事だけではなく、いろいろな友達の境遇や悩みなども入れていった。さらに、もっとも苦手な由美のことにも触れていった。家族に大事にされていない由美のことは心を揺さぶったようで、びっくりしたように真剣に聞いていた。

一方、由美の家には、他クラスの女子二名がたまっていた。いずれも寂しい境遇だった。私はいっしょに話したり、料理を作ったり、たまに少し勉強していく中で、クラス内に友達がいない由美に、学級内に居場所をつくろうと思っていた。なかなかチャンスが訪れなかったが、一〇月のある夜、電話が鳴った。ある店の店主さんからだった。

「三人が大量の万引きをしたのに、親が引き取りに来ない。先生の名前をあげたので来てくださいませんか」

由美の父親に連絡すると、「用事がある」といつもの口癖で関わろうとしなかった。

「由美がどんなに大人に幻滅し、自分をおとしめているか、少しでもわかってあげてほしい。いま行かなくてどうするんですか」

と説得して、いっしょに行ってもらった。

一一月に入ったある日、由美たちはあわてて帰宅した。そして学校にいる私に電話をしてきた。

「すぐ来て！」

びっくりしてとんで行くと、私の誕生会だった。手作りの料理が並んでいた。教えてあげた「なすのはさみ揚げ」もあった。四人で楽しく食べておしゃべりした後、他クラスの二人を家まで送り、もう一度、由美の家に戻った。それは、由美に美香子のことを話したかったからだった。

「美香子は学校に行かれない自分を、親に悪いとすごく責めている、苦しんでいるんだ。由美と全然違うようだけど、悩んでいるところは似ているような気がする」

と由美に言った。

「苦しんでいるんだー、会ってみようかな」

「突然行ってもびっくりして引いちゃうから、いっしょに行って、私が会えるかどうか聞いてみよう」

次の日、「いやだ」と言えない美香子は、すくみながらも私と由美に会った。由美がフェレットと喜んで遊んでいるのを見て、美香子も少しずついっしょにフェレットにさわり、由美のことを「怖くない」とわかっていったようだった。

次からは、いつもの美香子のところに行くメンバーも混じり、お菓子を食べ、おしゃべりするようになった。由美もいっしょに外でにぎやかにバドミントンができるようになった。

クラスでは班ノートの内容が深まっていった。美香子の家に仲間が届けてくれるので、美香子も必ず書いた。苦しんでいる気持ちをずいぶん素直に書くようになった。その内容に真っ正面から応えるのが由美だった。そして由美もまた悩みを書き、「私も頑張るからいっしょに頑張ろう」と支え合った。

❀掃除中いなくなる子を探す「探検隊」

授業中はうるさくて、掃除になるといなくなるアエリーがいた。他のクラスのじゃまをしたりするので、私が探しに行くのだが、その間、掃除も中断してしまい、なかなか終わらない。そこで「アエリー探検隊」を提案した。すると、さぼりたい男子たちが立候補、

「隊長」を決めて、どこから探すか作戦を立てたりして、喜んで探して連れて来るようになった。その間、私が教室を掃いておいて、

「よーし、ご褒美だ。ちょっとだけ拭けばいいよ。他のクラスに内緒だよ！」

そう言うと、男子も「やったー」と喜ぶし、アエリーも私が行くより嬉しいのである。

学級内にいろいろなグループができてきた。しかし、中学では部活動に押されて有機的につながれないことが多い。でもできるところからやり、楽しんでいるグループを学級通信で紹介していけば、学級の雰囲気つくりにもなると思う。

■「基地クラブ」＝不登校の大ちゃんの家での「基地クラブ」は男子が中心だったが、後半、勉強会も始めたら、女子の参加が増えて、勉強が終わると楽しそうにおしゃべりする。

■「赤ちゃんを見る会」＝妹の誕生に立ち会った経験を書いてくれた江里子の家で。そのうち班の男子が参加するようになった。父親が江里子が小さかった頃のことを語ってくれた。何事も投げやりだった江里子に笑顔が増えた。

■「イグアナと遊ぶ会」＝もっとも大変な男子がイグアナを飼っていて、脱皮した緑の皮を自慢げに学校に持ってきた。「見てみたい」とさわりに行ったことがきっかけになって、この会ができた。

■「山を歩こう会」＝安全で変化があって、富士山が見られるなどの山を、私がリーダーで連れて行く。「たばこは吸わない」などの条件付きで連れて行った。自然の中を男女が笑いさざめきながら歩く、何とも健康的でいい。

■「ちかちゃんクラブ」＝大柄で険しい目つき、金髪で授業中も手紙の放り投げ、けたたましい笑いのちか子がいた。男子でも誰もが怖いと言って注意できない。ただ一人だけ智が「ちーかちゃん」とイントネーションをつけて呼んで、調子を狂わせられていた。

智一人にしないため「ちかちゃんクラブ」を立ち上げ、あまり落ち込まない、ゲームの話ばかりしている男子三人を会員に入れた。「ちーかちゃん」と智が言ったら三人が続く。すごまれて逃げてくるけど、一人じゃないからへこたれない。どういうときに、どんな調子で言ったらいいかなどを「研究会」で話し合っているので、思わず笑ってしまう。

ある日、「ちかちゃんがいやがっているでしょ、やめてやんなよ」と、やはり言動が怖いアエリーが甲高い声で怒鳴ってきたときも、会員がすぐ集まって、アエリーの言葉を分析した。

「アエリーは羨ましいんだよ、自分も言ってほしいんだよ」

ゲームしか話題がなかったのに、大変な成長ぶりで、私はすごく褒めた。日刊の学級通信に載せたら、それを機会に三人は学級に圧倒的な存在感を持つことができた。

〈2〉 班ノートや学級通信でつなぐ

＊誰でも書ける班ノート

子どもたちは班ノートに何を書いていいかわからないので、自分の趣味だけを書き、その他は全く書けないということが多い。そこで、学級のさまざまなできごとや級友の言動に関心をもち、共感的または批判的に自分の表現ができ、人とつながれるように、班ノートにつぎのようなコーナーをつくった。

「私祈っています」「私愛しています」「困っています、怒っています」「びっくりしました」「気分いいです」「ヒーロー・ヒロイン」「学級通信を読んで、班ノートを読んで、仲間に応えていこう」「その他自由欄」というふうに工夫してみた。

班ノートの抜粋を毎日、学級通信に載せていった。仲間のことや自分の弱さが出せたとき、「ステキ、よく気づいていてくれたね」とか、「完璧な人なんかいない、私だって…」などというコメントとともに、「ヒット」「ホームラン」をつけて載せた。たまには男子が

「愛しています」のコーナーに好きな人の名前を伏せて、「〇〇〇〇…」と、〇を10個並べているときなどは、いたずらして「美人で魔女の外山弘恵」と勝手に入れて、学級通信に載せて遊んだりした。

✽「班ノート」のつぶやきを『学級通信』に

最初の頃は、ほっとする場面や頑張っていた人などを、班ノートの参考になればいいと、夢中で載せた。まずは私との人間関係をつくるために、特に問題のある生徒の良かった場面は心して見つけ、具体的に載せた。一方、親たちには、「一年間焦らず見ていてね。〃するめ〃みたいにだんだん味が出て、自分らしさを出せるようになる子もいる。二学期頃に活躍する生徒もいる。今の中学生がどんなことに喜んだり、悩んでいるのかもわかってくる。子どもが愛おしくなってくるよ。親は親でノートを回すので仲間をつくろうね」と話し、親用のノートも作った。

その後、親同士「おやつづくり」「クリスマスリース作り」などで公民館に集まり、仲間をつくっていくことにつながった。私も一人の親として参加した。

生徒はいわゆる「お知らせ」の学級通信はあまり読まなくても、仲間が書いていることはシーンとして読んでいたり、「へー、〇〇だったんだー、おもしろい」と絡んでくる。

書くことを面倒くさがる男子生徒の中にも、「班ノートおもしろい」と言ってくれる子がいた。時間がなかったり、具合が悪いときでも学級通信が書けるのは、このコーナーのおかげである。Ｂ５判で制作時間は20分、この「Ｂ５判」がミソで、手書きだから、ワープロみたいにいっぱい書かなくていい。一枚でもいいし、三枚も出そうものなら、

「すごい！　先生、頑張ったね！」

と、くすぐったいお褒めの言葉が返ってくる。ただ生徒の書いたものを写しているだけなのだ。私が、そのとき伝えたいことや、仲間の想いを代弁したり、問題提起のきっかけをつくることを書いた生徒がいたら、それに乗じて、「君はすばらしい！」とコメントをつけて褒めてしまう。もちろん「ホームラン」である。

時どき、前述の「標語」や、「今の自分は○色」という題で詩を書かせて載せた。そのときどきの心情がよく出た。また、思春期の恋の詩なども載せたりした。

二学期くらいになると、班ノートで少しコミュニケーションがとれるようになるので、「こんな異性がステキ」「こんな言葉や行動が嬉しかった」など、アンケートをとって載せた。仲間が書いた文を読んで自分を客観的に見たり、自分を高めようとすることも応援する。いろいろなことを共感的に載せていく。「何を書いてもいい」という安心感が生まれるまでには時間がかかるが、二学期の終わり頃にはかなりホンネを吐露《とろ》するようになり、

またそれに共感を寄せる声も出てくるようになった。そして子どもたちがどんどん互いのことについてコメントし合うようになった。私の出番はほとんどなくなってきた。

〈3〉　三学期は「涙」でつなぐ

＊涙の「進路激励会」

三学期、班長会主催で「進路激励会」を持ち、自分の進路先、受験先を決めるに当たって、つらかったこと、嬉しかったこと、これから先の「希望・決意」を発表していくことになった。

班長会を事前に開き、学級分析をしておいた。全員に伝えることは、「受験校は言えれば言ってほしい」、「決して無理はしないでほしい」、「ちゃかしたり馬鹿にはしない約束をしてもらう」ことなどである。大事な「進行」「はじめの言葉」「終わりの言葉」の役を誰がやるのかも考えて分担した。

一人ひとり班員を分析したとき、非行グループの中心にいた裕太については、「たとえ自分は言わなくても、聞いていてくれるよ」と、ほとんどの班長が一致した。クラスのみんなは突然言えないだろうから、班長が先に言うことにして、順番も決めておいた。

当日、全員車座になり、進行役の旭が、この会を開く理由をまず語った。

「この頃、みんなイライラしたり、ハイテンションで授業中もうるさかったり、ぼーっとしたりしてておかしいよ」

「最初は言いにくいだろうから、班長が言うから続いてくれる?」

旭の言葉に続いて、女子の班長の一人から話し始めた。

「姉が通っている高校を受ける。家で『おまえなら大丈夫』なんて言われて、プレッシャーになっているんだ。栄養士になりたい」

その後、何人か続いた後、まじめで学力も高い信二が、

「女子は悩んだとき母親に、男子は父親に相談するだろ? 俺には父親がいない。たぶん生まれたときからいないんだ。母は受験にすごく口うるさい。逃げ出したい」

とうつむいた。ふだんはニコニコしているが、そういえばこの頃、信二の様子は変だった。旭が感動して、続いてくれた。

「四年のときから両親が別居していて、ずっと俺はいろんなことを我慢してきた気がする。お金がないから公立しか受けられない」

旭も信二も泣いていた。旭が、茶髪で机の上に座ってみんなを見下ろしているアエリーに、「言える?」と声をかけた。

「なんて言ったらいいかわかんないよ」

すると裕太が、

「みんながアエリーのこと期待してるぞ」

と思いがけないひと言を言った。

「うちは勉強する環境じゃない。寂しくてたまらなかった。普通の家庭がほしいって、ずっと思っていた。高校なんて受けない方が楽だと逃げていた。でも頑張ってみようかな」

アエリーに触発されたのか、良美は黙って立ち、

「これを見て!」

とリストカットした部分を見せた。親に見捨てられているのだという。すすり泣きがあちこちに聞こえる。終わり頃になって、信二が、

「もう一度言っていい?」

「言えて良かった。受験校受かって、母親に『ありがとう』と言いたい」

進行役が裕太を、

「裕ちゃん言える?」

と促した。

「俺、馬鹿だから受かんないと思うけど、頑張ることにする」

拍手が起きた。いつもは目立たない潤一が、

「僕は日記をつけている。今日のことは忘れない。十人十色なんて嘘だって書こうと思う」

とつなげた。「終わりのことば」は江里子だった。

「言えて良かった、聞いて良かった、聞いてもらって良かった。人って、助け合うためにいっぱいいいいるようなもんじゃん！」

私は教室の隅でうずくまって座り、半分以上泣いていた。終わった後も子どもたちはほとんど立たず、温かく優しい空気が流れていた。帰り際、私が裕太に、

「ありがとう、アエリーのこと引き出してくれて」

と言うと、見たこともなかった、照れたようなはにかんだ笑いが返ってきた。班ノートと、ゲームで遊びながら、そして共感的に返していた学級通信のおかげだと思っている。

受験シーズンのまっただ中は、合格した仲間をいっしょに喜んであげたり、落ちた友を励ましたりと、慌ただしく過ぎていった。

卒業式前の最後の学活で、もう一度「全員と握手をして挨拶をしよう」のゲームをした。多くの子どもたちが両手で堅く握手をしていた。子どもたちが終わった後、着席させて、

「今度は私の番です。一年間ありがとう、心から」

と言って、全員に握手をした。

私が一年間分の班ノートを教卓におくと、子どもたちは奪い合うようにそれを手にし、晴れやかな顔で教室を出ていった。

解説

11本の「小さな物語」がメッセージしていること
——あとがきに代えて

◉國學院大学文学部教授　竹内常一

〈1〉なにが問われているか

本書はもともと『子どもとつながる・子どもをつなげる』というタイトルで、ずたずたに断ち切られている教師と子ども、子どもと子どもをどのようにつないでいくかを考えるものとして企画された。

だが、その過程で、多くの教師たちが「教師に甘える子」「教師を拒絶する子」「教師を攻撃する子どもたち」に直面し、教師としてのあり方を問わなければならない状況にさらされていることが明らかにされた。また、友だちと交わることも遊ぶこともできず、友だちとのトラブルを続発させる子どもの〝荒れ〟に直面していることも明らかにされた。

そのために、私たちは可能なかぎり「教師を拒絶する子」「友だちと遊べない子」に焦点をおき、これらの子どもにどのような活動、とりわけ遊びを提起していったらいいのか、どのような関係性を発展させていったらいいのかを問題にすることにした。そのなかで本書は、つぎのような問題を実践にそくして検討するものとなった。

■子どもの甘えや拒否の行動はどこから生じてくるのか。

■子どもは教師とのトラブルをとおして、なにを訴えようとしているのか。

■子どもとの関係のもつれをどのようにほぐすか。

■どのような活動を持ち込み、そのなかでどのような関係性を発展させていくか。

■子どものなかに封印されている言葉と物語を、どのようにして公共世界にひらいていくか。

■これらの子どもと関わるなかで、いま教師たちが見いだしつつある教師のあり方とはどのようなものか。

そこで、これらの問題に本書所収の記録が実践的にどのように答えているか、取り出してみることにしよう。

〈2〉 子どもたちはなにを訴えているのか

第I章の黒川さんと星野さんの手記に、教師に甘え、攻撃し、拒否する子どもが登場している。

A君は自分は勝手な行動をするのに、人の勝手は許さない。遊びのなかでも自分が不利になると、遊びをぶっ壊す。だが、「暴力は瞬間的なもので、いつまでも執拗にやりつづけることはないし、やったあとは気がすむのか、あるいは悪かったと思ってか、謝ることもある。謝るかわりに相手にじゃれついたりもする」(9頁)

黒川さんは「もうそれは癖になっていて、なかなか直らない」(同前)といっているが、本当にこれは「癖」なのであろうか。A君は家庭で悪いことをすると、父親にたたかれる、蹴られる、「テメー扱い」される。それが日常だった。最近、父母が不和になり、父親は帰ってこなくなった。そのために、かれは家では泣きどおし、学校では荒れつづけることになった。

この事実——A君の教師にたいする甘えと攻撃は、かれの親にたいする甘えと攻撃を投射したものだということができる。それればかりか、もしかしたらかれは加害者である父親の暴力を取りこみ、それを黒川さんに投射しているのかもしれない。しかし、かれがそうしているのは、黒川さんが嫌いだからではなくて、信頼できる大人だと思っているからではないか。だから、親とのトラブルを黒川さんとのあいだにもちこみ、彼女が信頼できる大人かどうか試し、彼女と信頼関係を結べないか探っているのである。

黒川さんは信頼関係の回復を求めている子どもに選ばれたのである。そうだとすれば、かれの行動は「癖」というよりは、「ヘルプ」を求める情熱的な行動ではないか。

黒川さんは子どもたちの甘えに応えて、オンブしたり抱っこしたりしているが、そうしてもかれらは注意をきかないために、「どこかで嫌がりながら仕方なく相手をしている」（12頁）ようになる。そう感じると、子どもを叱るばかりになり、ますます自分がいやになり、傷つく。そのために、「自分がやっていることを自分自身が認められず、拒絶している」（13頁）感じにとらわれていった。

だが、黒川さんはそう感じている自分のつらさにもう少し配慮（ケア）をすることができていたら、子どものトラブルにも配慮（ケア）することができたのではないだろうか。なぜなら、ケアするものが自分の心をケアし、養生できないとき、無意識に自分の怒りを他者に転移するからである。自分に無理を強いることは、子どもにも無理を強いることになるからである。自分を許すことができるものは、子どもを許すことができるのである。

自分の弱さをみつめながら、子どもに関わるとき、子どもに共感することができるようになるのではないだろうか。

〈3〉子どもにどう関わるか

では、子どもたちの甘えと攻撃を引き受けつつ、かれらと相互応答的な関係を発展させるにはどのようにしたらいいのだろうか。

第Ⅱ章の朝日野さん、ならびに第Ⅳ章の斎藤さんの記録のなかに、教師を拒否し、子どもとトラブルを起こすK子と明夫が出てくる。かれらはきびしいしつけを受け、塾でがんばることを強制されている。そのために、K子は友だちの発言には、「そんなんもわからへんの！」「何回同じこと聞くねん」と攻撃する。

そんな彼女は、「先生は私をきらいみたい。いつも目につけられてる」(38頁)と思っている。友だちに暴言を吐くことと、先生に注意されていることは、彼女のなかでは心理的にはつながっている。彼女は家族間の人間関係に伴ういらだちを友だちに吐き出していると同時に、朝日野さんの言動のなかに親の陰を見ているのである。このような攻撃・被攻撃の背後に暴力と被暴力が複雑にからみあっている家族関係があった。

朝日野さんは、彼女が「先生は私をきらいみたい」ともらしていることを母親から聞いてから、自分の彼女にたいする関わりを見直すために、彼女にたいする自分の発言を、記録ノートをめくりながら書き出した。そうすると、注意や叱る言葉がほとんどであったことに気づく。どうやら朝日野さんは知らないうちに「教育」という名の「暴力」を彼女に加えていたのである。そのために、かれ自身が、彼女をめぐる暴力と被暴力の関係を強め、それに巻き込まれるはめになったのである。そのため、彼女との間に転移・逆転移が生じ、関係が悪化の一途をたどっていたのである。

これに気づいた朝日野さんはK子だけではなく、子どもたちと出会い直しをすることにした。日常の挨拶、声かけ、話しかけをていねいにすると同時に、「それ以上のおせっかいは控えた」という。この「おせっかいは控えた」に注意しよう。これまでの注意や叱責が子どもへの侵入であったとすると、「おせっかい」を控えるということは、子どもに一定の「距離」をとるということである。その「距離」とは彼女を尊敬し、彼女に安心を与える「距離」である。

こうした出会い直しの試みのなかで、K子が「(父親に)怒られるのも嫌やけど、……また私のことでお母さん、きつく(父親に)言われる。そこにいると、自分が怒られるより嫌な気持ちになる」(49頁)と話すようになり、それがきっかけになってK子の家族は暴力・被暴力の関係から抜け出すことができるようになり、朝日野さんもまた、その圏域から解放されることになった。

明夫も、K子に似た家庭環境の子である。かれの生活のすべてが父親に仕切られていたために、「明夫の思いは封印され、反発心だけが肥大化していった」(148頁)のである。だから、パニックを起こしたかれに、「いま先生にどうしてほしい?」と問いかけたところ、かれは「聞いてほしい……」(同前)と答えた。斎藤さんは、かれの、自分だけを正当化する話にイライラすることがあったが、封印されてきた自分の思いを言語化するかれの試みに付き合い、かれの話を聞き取りつづけた。

このような関わり方は、問題をもつ子どもに関わる特別のスキルというよりは、子どもたちと付き合う作法、パブリックな空間に生きるもの同士の作法なのである。この作法が教師にあるとき、子どもは甘えと攻撃の繰り返しから抜け出して、パブリックな空間を教師とともにつくることができるようになるのではないか。

〈4〉友だち関係のなかで

ところで、子どものなかには他の子とつぎつぎトラブルを起こすものがいる。そのなかには、座談会での松前さんの発言にあるように、父親の暴力と父母の離婚のために友だちを攻撃しつづける子がいる。その子は「叩くのは嫌だ」「蹴るのも本当は嫌なんだ。だけどやっちゃう。止められない。僕が僕を止められない」（71頁）といっている。子どもはなにものかが自分を暴力に駆り立てていることが分かっており、そのことに苦しんでいるのである。

星野さんの記録（Ⅰ章）に出てくるユキオもまた、授業中に騒ぐことに苦しんでいたのではないか。だから、かれは図書室で星野さんと二人きりで話し合い、子どもたちの作文をみせられたあと、授業中は騒がなくなったのではないか。問題は、星野さんが騒がなくなったユキオからそのつらさを聞き取れなかったこと、かれに要求を出した子どもたちが、かれの変化に応答しなかったことにあるのではないか。だから、かれの変化は「新しい物語」の始まりにならなかったのだろう。

志賀さんの記録（Ⅳ章）のなかに、友だちの受けをねらってトラブルを続発させる竜太という子がいる。かれは遊び上手でないために、友だちのなかに入れない。ところが、かれがトラブルを起こすことを期待している子どもが多くいる。それらの子どもの受けをねらってかれは乱暴する。

この場合でも、竜太には自分がトラブルを起こす理由が分かっている。「（みんなが）俺の方、見ながら喜んでくれるんだ。そのとき、俺って、すごく安心するんだ」(132頁)という。かれは自分を孤立から救い出すために、トラブルを起こしているのである。だから、かれはいっこうに反省しないのである。

こうした竜太の否定的な行動から、志賀さんは「みんなと遊べる自分になりたい」「集団に支えられ、集団を支える自分になりたい」(同前)という要求を読み取り、「温泉ツアー」をはじめとするさまざまなツアーを組織し、かれの友だち関係をひろげていく。そのなかで友だちが竜太のよさを認めるようになるにつれて、かれは「こんなことを言ってもみんな喜ばないよね。ごめんなさい」(137頁)とか、「先生、俺、悪いことをする必要だんだんなくなってきたよ」(138頁)というようになった。

親や教師や他の子どもとの関係のなかから生まれてくるトラブルは、子どもの心に問うても解決はしない。関係のなかで生まれた心のトラブルは、関係のなかでしか解決しないのである。それなのに、「心の教育」は「心」だけを問題にして、「関係」を問わない。だから、子どもはますます自分を追い詰めることになるのである。

そう考えると、いま私たちは子どもの関係をひらくことによって子どもを変えるのか、子どもの心を問いつめることで子どもを変えるのかという問題に、日常的に立たされていると言わねばならない。

〈5〉からだと遊び、活動と関係性

ところで、子どもが取り結んでいる関係を変えるために、本書の教師たちは、子どものからだに訴える遊びを積極的に取り入れている。それは子どものからだが閉じていたり、硬かったり、固まっているからである。また、子どものからだが甘えかかり、べったりと依存し、それが許されないと、衝動的に荒れるからだになっているからである。かれらは遊べるからだ、響きあえるからだ、作法にかなったからだをもっていないのである。からだがかれらの言葉を封印していると同時に、かれらの言葉はからだの悲鳴となっているのである。

そうした子どものからだは、かれらの遊び方によく現れている。からだを動かして遊ぶことが総じて下手であるだけではない。暴れあう遊びはできても、約束事のある遊び、夢を共同してつくる遊びはできない。自分勝手に遊び、都合が悪くなると、遊びをぶっ壊す。他人にはルールをきびしく適用するくせに、自分はルールを無視する。みんなから文句を言われると、暴れまわる。

だから、本書の教師は子どもの発達にみあった遊びを持ち込み、子どもたちが求めている身体的接触や身体間交流を豊かに組織している。そのことは〈遊びのヒント〉のページの「遊び」と「仕事」のなかにもみることができる。しかし、そうだからといって、教師たちははじめからルールの多いフォーマルなゲームを持ち込んでいるわけではない。むしろ、身体的接触をともなう遊びや交流を重視している。

志賀さんが組織している「銭湯ツアー」はおふろではだかになってじゃれあうものである。そこには原初的な遊びがある。また、桜さん（Ⅱ章）が「マッサージ」を導入しているのも、身体間交流をともなう身体的接触を組織したいためである。そこには、相手の身体に侵入する不作法な身体的暴力を、作法にかなった相互応答的な身体間交流に切り替えていくという意図がある。

それに、教師たちはこれらの遊びをつうじてインフォーマルなグループを多様につくりだしている。斎藤さんの「会社づくり」はグループづくりの遊びである。いろんなグループに出入りすることによって、子どもたちはいろんな友だちと新しい関係をつくりだしていく。

桜さんは、このような遊びをふまえて手作業のともなう学習、体を動かす学習を発展させている。そのなかで、遊びであると同時に、学習であるような活動がクラスのなかにひろがっていく。このような活動がなければ、小学校の学級づくりは子どもたちのものにはならない。なぜなら、子どもはなによりも活動のなかで友だちとの関係を発展させていくからである。だから、田北さんもさとうさん（ともにⅣ章）も、「遊び」でもあり、「学び」でもあり、「文化活動」でもある「基地づくり」や、「映画づくり」にとりくんでいるのである。子どもたちはこれらの活動をつうじて友だちと出会いなおし、自分と自分たちの物語を紡いでいる。

ところで、このような活動のなかで桜さん、外山さん（Ⅳ章）が子どもたちの好ましい活動に肯定的な評価を意識的に入れていることに注目しよう。それによってかれらは子どもたちの自己肯定感を高めている。注意と叱責が子どもの自己肯定感を奪うものだとすると、子どもたちのよさをみつける評価は自己肯定感を高めていく。もしかしたら教師は、指示・命令で子どもを指導するよりも、子どもをはげます肯定的な評価で子どもを指導するものであるのかもしれない。

このような活動と関係づくりという点から、千葉さん（Ⅰ章）の学級づくりがなぜ学級崩壊におちこんでいったか考えてみよう。これは推量でしかないが、そのわけのひとつは、運動能力のミックス編成で高度なルールのバスケットボールをさせたために、その面白さを子どもの楽しみに転ずることができなかったからである。子どもの実態に合った遊びやゲームを工夫してもちこまなければならないのに、それにふさわしくないバスケットを工夫することなくもちこんだからである。このような指導スタイルが千葉さんの学級づくりにあったのだろう。

いまひとつは、「怒るな」「キレるな」「他と比べるな」などの子どもの教師批判にみられるように、千葉さんが過大な要求を提起し、子どもに否定的な評価をしたからではないだろうか。だが、要求したこと、評価したことがまちがっていたのではない。その要求が子どもの要求を引き出すものでなかったこと、その評価が子どもの肯定的な自己評価を引き出すものでなかったことが問題だったのである。だから、それは不作法に子どもの世界に侵入するものと、子どもたちに受け取られたのではないか。

〈6〉 共通の世界をひらく、共通の世界をつくる

ところで、本書の教師たちはこのような活動と関係づくりをとおして一人ひとりの子どものからだと心をひらき、封印されてきた一人ひとりの子どもの言葉と物語を共通世界にひらいていくと同時に、子どもたちや親たちと共通世界をつくりだしている。

おなじことは中学校についてもいうことができる。中村さん（I章）が指摘しているように、中学校の現実はきびしい。騒然とした教室、つぎつぎと起こる事件のために、やる

気があっても胃が痛み、眠れぬ夜がつづく。それでも、子どもとぐじゃぐじゃやっていくしかないという状況にあるという。そうした状況のなかで、外山さんはつぎのような方法で子どもたちの共通の世界をつくりだしている。

その第一は、身体的接触をともなう遊びを学級のなかに多様にとりこみ、一人ひとりの子どものからだをひらくと同時に、クラスの感情的なトーンをやわらかいものにしている。だが、それはきばった「集団ゲーム」ではない。子どもたちはその身体的交流をつうじてゆるやかに自分をクラスにひらいている。そのことは、「学級にエロイ話が嬉々として出てくるのは、人間関係がだいぶできてきた頃だ」という言葉のなかによくあらわれている。

第二に、悩みをもつ子どもたち、興味を同じくする子どもたち、関わり合うことを求める子どもたちを積極的に結びつけ、子どもたちの避難所、居場所、ベースキャンプを多様につくりだしていることだ。それらは子どもたちが抱えているリアルな問題に深く触れるものだけに、そのグループづくりは子どもたちに深いつながりをつくるものとなっている。「赤ちゃんを見る会」ひとつとっても、人間は祝福されて生まれてくるものだということを、この不幸のなかにある子どもたちは経験したかったのではないだろうか。

同じことは、ふつうは敵対的な関係になりがちなツッパリと不登校生とをつなぎ、そこに「たまり」と「学習会」をつくりだしていることも注目するに値する。そのなかで、このグループづくりは子どもの避難所から居場所へ、そして共通世界にむけてのベースキャンプへと発展している。

第三は、このような活動をバックにして、子どもたちの話し合いの組織に工夫をしていることである。その工夫とは、班ノートから学級通信へというコミュニケーション回路をつくりだしていることである。そのために、班ノートのなかに「私祈っています」「私愛しています」「困っています。怒っています」「びっくりしました」「気分いいです」「ヒーロー・ヒロイン」などの欄を設けて、子どもが率直に自分を表現できるようにしている。さらに、その班ノートに書かれる一人ひとりの子どもの声を学級通信に掲載し、それをめぐって子どもたちが相互にコメントし合うことができるようにしていることである。

これら三つの方法、すなわち、

■からだをひらくこと
■共同のグループを多様につくりだしていくこと
■班ノートから学級通信という回路をつくること

これらをつうじて、外山さんは子どもたちの封印されてきた言葉と物語を共通の世界にひらくと同時に、子どもたちと共通の世界をつくりだしている。その意味では、外山さんをはじめとする教師たちの試みは子どもの人格の深層から共通世界をひらき、その共通世界を子どもたちの生活の深層にまでひろげていくものであるといっていいだろう。

そのことは、外山さんの「進路激励会」のなかにもみてとることができる。そのなかで、子どもたちは自分がどのような関係のなかで育ってきたかを語りながら、その自分史を進路選択へとひらいている。そうした物語が交響するなかで、自分を閉ざし、自分の将来に絶望していた子どもたちも進路について語りはじめる。かれらは互いに物語を語るなかで生きる力を、飛びたつ「翼」を手にしたのではないだろうか。

〈7〉おわりに

さてこの「長いあとがき」を終わるにあたって、本書の教師たちによって探られている「新しい教師のあり方」についてのべなければならない。だが、すべてについて、解説風の文章を書くのはもうやめにしよう。この「新しい教師のあり方」についての解明は読者にゆだねることにする。そこにはいくつもの問いがある。

■トラブルに巻き込まれて傷つかないようにするためにはどうしたらいいのか
■子どもが好きでなければ教師になれないのか
■熱血教師はなぜ子どもから疎《うと》まれるのか

■教師につきまとうパターナリズムをどう越えるか
■ひとりで子どもの問題を背負い込むのはなぜ間違いなのか
■子どもに一定の距離をとるということはどういうことか
■子どもとパブリックな世界をつくりだすとはどういうことか
■作法にかなった子どもとの付き合い方とはどういうものか
■子どもとクラスの問題をどのようにして親や同僚にひらいていくか
■子どもの問題を親や同僚にひらいていくことによって、教育の公共性をつくりだしていくことといわれているが、それはどういうことか

これらの問いに、読者が本書を手がかりにして挑戦することを期待して、「あとがき」を終えることにする。

竹内常一（たけうち・つねかず）
1935年大阪府泉大津市に生まれる。東京大学大学院修士課程修了。現在、國學院大学文学部教授。全国生活指導研究協議会常任委員。日本生活指導学会理事。日本教育学会理事。著書に『若い教師への手紙』（高文研）『子どもの自分くずしと自分つくり』（東大出版会）『日本の学校のゆくえ』（太郎次郎社）『竹内常一　教育の仕事』全５巻（青木書店）『おとなが子どもと出会うとき　子どもが世界を立ち上げるとき』（桜井書店）他多数。

全国生活指導研究協議会（略称・全生研）
全国の小・中学校の教員を中心に約3000人が参加している民間教育研究団体。40年近い歴史をもち、全国に多くのサークルがある。子どもたちが友達とともに生活をつくるなかで、互いに生き方を高めていくことを励ます教育活動の研究を目的としている。毎年夏に全国大会を開く。機関誌『生活指導』は明治図書刊。
http://homepage2.nifty.com/shiokaze/seikenml.html

教師を拒否する子、友達と遊べない子

●二〇〇三年一一月一日――――第一刷発行

編　者／竹内常一＋全国生活指導研究協議会

発行所／株式会社 高文研
東京都千代田区猿楽町二－一－八
三恵ビル（〒一〇一＝〇〇六四）
電話　０３＝３２９５＝３４１５
振替　００１６０＝６＝１８９５６
http://www.koubunken.co.jp

組版／ＷＥＢ Ｄ（ウェブ・ディー）

印刷・製本／精文堂印刷株式会社

★万一、乱丁・落丁があったときは、送料当方負担でお取りかえいたします。

ISBN4-87498-313-8　C0037